Hedi Friedrich
Beziehungen zu Kindern gestalten

W0070267

praxisbuch kindergarten

Hedi Friedrich

Beziehungen
zu Kindern gestalten

Herder Freiburg · Basel · Wien

Gedruckt auf umweltfreundlichem,
chlorfrei gebleichtem Papier

Einbandfoto: Hartmut W. Schmidt, Freiburg im Breisgau

Alle Rechte vorbehalten – Printed in Germany
© Verlag Herder Freiburg im Breisgau 1995
Satz: Fotosetzerei G. Scheydecker, Freiburg im Breisgau
Druck und Einband: Freiburger Graphische Betriebe 1995
ISBN 3-451-22960-9

Inhalt

Einleitung

Die Erzieherin als wichtige Bezugsperson im Leben von Kindern gewinnt zunehmend an Bedeutung.

Wuchsen Kinder früher in größeren Lebens- und Familienzusammenhängen auf, in denen neben den Eltern sehr oft auch andere Personen (Großeltern, Tanten, Geschwister u. a.) verfügbar waren für Trost, Unterstützung, Versorgung und Verständnis, so sind diese Möglichkeiten in den Klein- und Kleinstfamilien sehr viel reduzierter.

Die Beziehungen zwischen Erwachsenen und Kindern sind in einem gesellschaftlichen Wandel begriffen.

Viele Kinder erleben einen Mangel an Beziehungsqualität, driften zwischen verschiedenen Beziehungen, in denen ihre Grundbedürfnisse mehr oder weniger gut erfüllt werden.

Den Erwachsenen, beschäftigt damit, ihren eigenen Lebensalltag zu bewältigen, fehlt oft die Energie oder auch das Wissen, wie sie eine gute, entwicklungsfördernde Beziehung überhaupt gestalten können.

Es wurde festgestellt, daß die Art und Weise, wie Kinder in den ersten sechs Lebensjahren Beziehungen erleben, ihr Bild von sich und der Welt wesentlich bestimmt. Die frühen Erfahrungen im Vorschulalter sind Grundlagen für spätere Erfahrungen.

Vielfältige Anforderungen kommen hier auf ErzieherInnen und SozialpädagogInnen zu, die sich um das zentrale Thema der Gestaltung von Beziehungen zu Kindern drehen. Obwohl die Arbeit sehr viel Achtsamkeit, Selbstwahrnehmung und Engagement erfordert, wird dieser zentrale Aspekt im Alltag oft als Selbstverständlichkeit betrachtet, damit übersehen und, gemessen an der Bedeutung für die gesamte Entwicklung von Kindern, in seiner Wichtigkeit deutlich unterschätzt.

Gerade angesichts der aktuellen Diskussion über die zuneh-

mende Gewalt von Kindern und Jugendlichen rückt die Frage
nach dem aktuellen Stand der Beziehungskultur und ihrem Stel-
lenwert in unserer Gesellschaft in den Vordergrund. Wie sehr
die Notwendigkeit von Beziehungserfahrungen in der
Sozialisation unterschätzt wird, zeigt sich vor allem darin, wie
die äußeren Arbeitsbedingungen der ErzieherInnen von den
verantwortlichen Trägern unterstützt und gestaltet werden:
Häufig wird an den einfachsten Grundvoraussetzungen gespart,
so daß sie ihren Aufgaben als Bezugspersonen kaum gerecht
werden können. Konkret erforderlich wären kleinere über-
schaubarere Gruppen, ausreichend Betreuungsplätze und Angebote für Kinder und Jugendliche, ansprechende Räumlichkeiten und vieles mehr.

Dieses Buch wird sich mit folgenden Themen befassen:

• Welche Bedeutung eine tragfähige Beziehung für die Entwicklung von Kindern hat, wie sich Beziehungen zu ihnen
  aufbauen und gestalten lassen, wie sie gelingen und woran sie
  scheitern können. Der Aufbau und die Pflege von Beziehungen werden in einzelne „Bausteine" zerlegt, die sich nach der
  bisherigen wissenschaftlichen Forschung als wesentlich und
  hilfreich erwiesen haben.
• Wie sich Beziehungen und Freundschaften zwischen Kindern entwickeln, worin sich diese von den Kontakten zu den
  Erwachsenen unterscheiden und welche Probleme auftau-
  chen können.
• Wie sich die Beziehung zu den wichtigsten Bezugspersonen
  in der Beziehung zu Gegenständen widerspiegelt, welche
  Rolle Gegenstände im Miteinander der Kinder spielen, und
  wie sich verschiedene Arten von Besitz, materieller und gei-
  stiger Art, auf den Umgang miteinander auswirken.
• Wie sich das unterschiedliche Zeiterleben von Kindern und
  Erwachsenen auf die Beziehungen im Alltag auswirkt, welche Konflikte daraus entstehen und wie gemeinsame Zeit
  gestaltet werden kann.
• Wie sich Räumlichkeiten auf die Gestaltung von Beziehungen auswirken können;
• und zu guter Letzt, daß zum Leben in Beziehungen auch

Abschiede gehören, und wie sich besonders der Abschied
vom Kindergarten gestalten läßt.

Das Wissen über bestimmte Zusammenhänge hilft, auf die
Erfahrungen einzugehen, die Kinder aus ihren Lebensbedingungen mitbringen und die ErzieherInnen mitunter vor schwierige Problemsituationen stellen und sie herausfordern.

Die Hinweise auf die große Bedeutung, die positive Beziehungserfahrungen für die soziale, emotionale, geistige und
kreative Entwicklung haben, sollen zur Sensibilität im Umgang
mit Kindern, mit KollegInnen und mit sich selbst ermuntern.

Es gibt dabei keine Patentlösungen, sondern viele Möglichkeiten und Chancen, sich zusammen mit den Kindern zu entwickeln, denn Beziehung ist immer erlebter Austausch, der in
jedem Moment der Begegnung gelingen oder mißlingen kann.

Es liegt nicht in der Absicht des Buches, wieder neue An-
sprüche und Erwartungen aufzustellen. Die Ausführungen sind
eher als Anregungen zu einer konstruktiven Auseinandersetzung mit der Rolle als Bezugsperson gedacht. Das, was ErzieherInnen täglich an Beziehungsarbeit leisten, soll in den Blick-
punkt gerückt, gewürdigt und unterstützt werden.

Die Bedeutung von Beziehungen und Bindungen für die Entwicklung von Kindern

Wissenschaftliche Studien (1) haben gezeigt, daß Kinder schon frühzeitig nicht nur zu den Eltern, sondern auch zu anderen Personen eine intensive Beziehung und Bindung aufbauen können, wenn diese entsprechende Voraussetzungen erfüllen.

Festgestellt wurde auch, daß es nicht eine sensible Phase in der frühen Kindheit gibt, deren Erfahrungen entscheidend prägen, sondern daß die Gesamtheit der Beziehungserfahrungen über einen längeren Zeitraum hinweg bedeutsam sind.

Auch wenn die Mutter nach wie vor als wichtigste Bezugsperson angesehen wird, so steht das Kind von Geburt an in einem fortlaufenden Prozeß wechselseitiger Kommunikation mit verschiedenen Personen und kann zu ihnen eine tragfähige Bindung aufbauen, die es als Basis für seine gesamte Persönlichkeitsentwicklung braucht. In den Lebensläufen von Kindern, denen es gelang, schwerwiegende Erlebnisse zu verarbeiten und zu verkraften, gab es wenigstens eine wichtige Bezugsperson. Hier liegen die Aufgaben und Chancen in der Arbeit von ErzieherInnen.

Was ist eine Bindung und wie entsteht sie?

Bindung wird definiert als anhaltende emotionale Beziehung zu einer Person, bei der das Kind Körperkontakt, Schutz und Geborgenheit sucht, vor allem in Situationen, in denen es sich unsicher, unbehaglich oder überfordert fühlt, in fremden Umgebungen oder im Kontakt mit fremden Menschen (2). Über Blickkontakt, vertraute Zwiegespräche, Streicheln, Halten und Trösten entwickelt das Kind eine Beziehung zu einer erwachsenen Person und über Vertrauen in die Verläßlichkeit und Verfügbarkeit dieser Bezugsperson eine sichere Bindung zu ihr. Diese drückt sich z. B. darin aus, daß das Kind sie bei kurzzeiti-

ger Abwesenheit vermißt. Mit dieser Sicherheit kann ein Kind
wagen, neugierig und aktiv die Welt zu erkunden, zu erfahren
und lernend zu begreifen.

Ohne diese Grundsicherheit in einer Beziehung ziehen Kinder sich in sich zurück. Sie wirken scheinbar selbständig, sind
jedoch innerlich unsicher und versuchen, alleine mit ihren Gefühlen fertig zu werden. Dabei entwickeln sie häufig Verhaltensweisen, die von ihrer Umgebung als störend oder auffällig
wahrgenommen werden. Erfahren sie hier weiter Ablehnung
und negative Zuwendung, so wird ein Kreislauf in Gang gesetzt, der sich immer wieder selbst verstärkt. Der Ursprung sehr
vieler Probleme ist in unbefriedigenden Beziehungserfahrungen
und unsicheren Bindungen zu suchen.

Wie sieht hilfreiches Verhalten von Bezugspersonen aus?

Am häufigsten wissenschaftlich untersucht wurde die Entwicklung der Beziehung und Bindung des Kindes zu seiner Mutter
von Geburt an. Die Mutter gilt zwar nach wie vor als wichtige
Bezugsperson, aber nicht mehr als ausschließliche. Auch andere
erwachsene Personen, die regelmäßig und verläßlich für das
Kind da sind und die Signale, die es sendet, wahrnehmen,
verstehen und beantworten, also eine sichere Beziehung aufbauen, können eine wesentliche Bezugsperson sein. Wenn dies
schon in frühester Kindheit möglich ist, so erst recht im Kindergartenalter. Damit gewinnt die Erzieherin als Bezugsperson eine
große Bedeutung.

Welche Voraussetzungen für die gelingende Beziehung wichtig
sind, zeigt ein Blick auf die Ergebnisse der Entwicklungs-
forschung.

Ein Kind wird mit einer Vielzahl von Bedürfnissen geboren
und, wie neuere Untersuchungen zeigen, auch mit Grundfähig-
keiten, die es ihm ermöglichen, seine Umwelt wahrzunehmen,
innerlich zu verarbeiten und selbst aktiv eine Beziehung aufzunehmen. Über Anlächeln, Geben-Nehmen-Spiele, Zärtlichkeiten, Trost und Versorgung werden Eltern und Kind vertraut
miteinander und lernen sich kennen. Dies ist keine einseitige

Angelegenheit, sondern ein Prozeß gegenseitiger Anpassung und Beeinflussung, eine wechselseitige Kommunikation.

Je feinfühliger die Mutter ihr Kind „versteht" und auf seine „Mitteilungen" eingeht, desto mehr wird sie als vertraut und verfügbar erlebt, und schon sehr früh kann das Kind entdecken, daß es Reaktionen bewirken kann. Es braucht Schutz und Gelegenheit zum Erkunden der Umwelt und Anregungen, abgestimmt auf seine Bedürfnisse und seine altersgemäßen Fähigkeiten und Möglichkeiten. Wenn die Anregungen nicht zu schwierig und überwältigend sind, kann es diese neuen Erfahrungen integrieren und neue Fähigkeiten und Fertigkeiten entwickeln. Dieser Austausch beginnt schon lange, bevor die Kinder sprechen lernen. Er findet ohne Worte statt, wie schon immer aufeinander eingespielt, und gestaltet sich in vielen Kulturen ähnlich.

Schon Neugeborene können zwischen sich und anderen Personen oder Dingen unterscheiden, eine wesentliche Voraussetzung, um Beziehungen aufzunehmen. Wie sie sich und wie sie andere Personen erleben, welche Erfahrungen sie in den ersten Beziehungen machen, hängt wesentlich davon ab, ob und in welcher Form die Bezugspersonen auf die Bedürfnisse und Möglichkeiten des Kindes eingehen, es anregen, fördern, ihm Schutz und Begleitung geben, seine Persönlichkeit zu entwickeln. Wie gut ein Kind seine Erfahrungen seelisch, geistig und körperlich integrieren kann, bestimmt entscheidend über seine weitere Entwicklung.

Dieser Entwicklungsprozeß ist noch in einer wichtigen Phase, wenn das Kind in eine Vorschuleinrichtung kommt. Seine bisherigen Erfahrungen mit Beziehungen zu Erwachsenen bringt es bereits mit. Diese Erfahrungen bestimmen seine Erwartungen und Einstellungen („Ich bin willkommen" oder „Keiner hört mir zu", „Für mich interessiert sich doch keiner") und sein Verhaltensrepertoire, mit dem es den ErzieherInnen und den anderen Kindern („Nur wenn ich schreie") begegnet.

Im Laufe der Vorschulzeit lernen Kinder immer deutlicher, ihre Gedanken und Gefühle von denjenigen der anderen zu unterscheiden und erfahren im Spiel und im Gespräch, daß andere Kinder anders denken und empfinden als sie selbst.

Sia: „Der Jan weint, weil seine Mama nicht kommt!"
Erz.: „Doch, sie kommt ja, es ist noch nicht zwölf Uhr."
Sia: „… und da denkt er, sie kommt nicht."
Sie versetzt sich gedanklich in die Lage von Jan und meint daraufhin zu
Jan tröstend: „Deine Mama kommt. Frau R. hat gesagt, sie kommt um
zwölf …" Sie streichelt ihn und fühlt mit.
Zu Frau R. gewandt: „Der weiß das noch nicht, deshalb weint er … Ich
weiß schon, daß meine Mama mich abholt, ich bin schon größer, jetzt ist
es noch zu früh."
Sia grenzt sich ab und stellt ihre Sicht und ihr Wissen daneben.

Etwas nicht nur vom eigenen Standpunkt aus zu sehen, sondern
auch die Sichtweise einer anderen Person einzunehmen, ist eine
der differenziertesten Leistungen in der Entwicklung des Kindes. Da es sich ja nicht nur um die Anpassung an die Gedanken
und Gefühle einer anderen Person handelt, sondern um ein Verstehen und Nebeneinanderbestehen der eigenen und der Sichtweise des anderen, braucht das Kind viele Möglichkeiten des
Lernens und Erlebens und vor allem Erwachsene, von denen es
die Fähigkeit zur Perspektivenübernahme erfahren und lernen
kann.

Gelingt dieses gegenseitige Verständnis zwischen ErzieherInnen und Kindern und zwischen Kindern untereinander, so wird
ein wesentliches Grundbedürfnis nach Aufmerksamkeit und
Wertschätzung erfüllt. Fühlt sich einer der Beteiligten unverstanden, verletzt oder beleidigt, führt dies zum Abbruch des
Kontaktes, zu Konflikten und Rückzug, wie das im Alltag auch
immer wieder der Fall ist. Das Grundbedürfnis nach positiver
Zuwendung geht auch Erwachsenen nicht verloren, es gerät nur
manchmal aus dem Blickfeld.

Verhaltensweisen, die den Aufbau einer guten Beziehung
und einer sicheren Bindung fördern, sind u. a.:

• Körperkontakt, Schutz und Geborgenheit,
• Verläßlichkeit,
• Feinfühligkeit,
• Lächeln, Blickkontakt,
• Zwiegespräche,
• Geben-Nehmen-Spiele,
• streicheln, trösten,
• anerkennen, wertschätzen,

- die Grundbedürfnisse des Kindes ernstnehmen,
- das Prinzip der Gegenseitigkeit, d. h. Erwachsene und Kinder haben Rechte und Pflichten, je nach Fähigkeiten, Möglichkeiten und Entwicklungsstand,
- Vorbild sein,
- Respekt vor der Meinung der Kinder,
- Neugier, Nachdenken und Raten fördern,
- Eigenständigkeit fördern, ohne alles zu erlauben (klare Struktur),
- mitfühlende Hilfsbereitschaft,
- Rückmeldungen,
- sich in die Lage des Kindes versetzen können, etwas aus seiner Sicht zu sehen, ohne den eigenen Standpunkt aufzugeben,
- Verständnis für seine Bedürfnisse nach Nähe und Erkundung haben
- nicht unterbrechen, wenn Kinder sich vertiefen,
- Interesse zeigen,
- Signale und Mitteilungen verstehen.

Verhaltensweisen von Erwachsenen, die einer guten Beziehung zu Kindern abträglich sind, greifen das Selbstwertgefühl der Kinder an oder verletzen es. Die Beziehung leidet oder sie wird abgebrochen. Ein Kind wird verunsichert, wenn sein Bedürfnis nach Wertschätzung, Liebe und Nähe allzusehr in den Hintergrund gedrängt wird, weil bestimmte Erziehungsziele als wichtiger erachtet werden. Erlebte Ungerechtigkeit verhindert die Entwicklung von Urvertrauen, stört die Entwicklung von Sympathie gegenüber anderen und behindert das Erlernen von Rücksicht bezüglich der Rechte anderer. Selbst- und Menschenverachtung als Lebenseinstellung wird durch Einschüchterung, Beschämen, Geringschätzung und Demütigung bereits in alltäglichen Situationen erlebt und erlernt.

Die Entwicklung des kindlichen Selbstbildes in Beziehungen

Wie Kinder sich in Beziehungen erleben, bestimmt die Entwicklung ihres Bildes von sich, von anderen und von der Welt allgemein.

Schon gleich nach der Geburt beginnt der kleine Mensch, alle Reaktionen seiner wichtigsten Bezugspersonen, zu Beginn zumeist die der Eltern, aufzunehmen. Sie sind für ihn wie ein Spiegel, in den er schaut, und im Laufe der Entwicklung beginnt er, sich selbst entsprechend wahrzunehmen und einzuschätzen.

Gesichtsausdruck, Ton und Gesten sind Anhaltspunkte, an denen sich Kinder in den ersten Lebenswochen orientieren. Jede Reaktion ruft bei dem Kind bestimmte Gefühle hervor. Es fühlt sich verstanden, geborgen, sicher, abgelehnt oder verletzt oder verlassen ... und reagiert darauf: Es bildet sich anhand dieser Eindrücke und Erfahrungen sehr früh ein Urteil über sich selbst, unbewußt und ohne Worte, die es erst später lernt.

Selbstvertrauen, Selbstwertgefühl und Selbsteinschätzung beginnen sich auf diesem Wege zu entwickeln und werden früh geprägt. Welches Bild ein Kind von sich erwirbt und ob ihm diese Selbsteinschätzung einmal hilft oder es daran hindert, in seinem Leben zurechtzukommen, hängt von einer Vielzahl von Eindrücken und Erfahrungen ab, nicht zuletzt davon, wie das Kind sie für sich bewerten und verarbeiten kann. Wichtige Bezugspersonen können hier eine hilfreiche Rolle einnehmen, ebenso aber auch eine problematische.

Man kann davon ausgehen, daß jeder Mensch ein Bedürfnis hat, sich ein Bild über seine ganz besonderen Eigenschaften, Fähigkeiten, Gefühle und Gedanken in Abgrenzung zu anderen zu machen. Nicht nur einzelne schwerwiegende Erlebnisse, sondern die Qualität der Lebenserfahrungen in den ersten Lebensjahren insgesamt spielen hier eine Rolle. Die Weichen werden gestellt in Richtung Selbstliebe oder Selbsthaß. Das Selbstbild, das ein Kind erwirbt, bestimmt sein weiteres Denken und Handeln. Erfahrung und Erlebnisse werden durch diese „Brille" gesehen, wobei die Tendenz besteht, eher Eindrücke aufzunehmen und auch so wahrzunehmen, daß sie das Selbstbild bestätigen. Andere Erfahrungen werden oft abgewehrt oder ignoriert. So wird beispielsweise ein Kind, zu dessen Bild es gehört, es sei unwichtig, eine besondere Anerkennung seiner Person überhören oder abwerten, um bei seinem Bild zu bleiben. Nimmt es die Anerkennung an, bedeutet dies eine große Veränderung in seinen Gefühlen und Einstellungen.

Grundbedürfnisse

Lebensumstände wie Streß und Überlastung, aber auch persönliche Lebenserfahrungen und -einstellungen können dazu führen, daß die wichtigsten Bezugspersonen die Grundbedürfnisse eines Kindes nicht ausreichend befriedigen (können). Je früher das Kind einen Mangel erlebt, desto stärker fehlen ihm die Voraussetzungen für eine gesunde Entwicklung, zumal Kinder gerade in dieser Hinsicht in einem sehr hohen Maße von ihren Bezugspersonen abhängig sind.

Diese kindlichen Grundbedürfnisse lassen sich in sechs Bereiche (1) einteilen:

1. Bedürfnis nach Essen, Trinken, Schlafen und Hygiene
Was hier als Grundversorgung so selbstverständlich für uns klingen mag, ist es für viele Kinder auf der Welt überhaupt nicht. Ihr Überleben und ihre Entwicklung sind bereits bei diesen elementarsten Grundbedürfnissen bedroht.

2. Bedürfnis nach Schutz vor Gefahren, vor Verletzungen, vor Reizüberflutung, vor realen Bedrohungen, aber auch vor magischen, in der kindlichen Phantasie existierenden, wie z. B. Drachen und andere Ungeheuer.

3. Bedürfnis nach einfühlendem Verständnis und sozialer Beziehung
Zu Beginn seines Lebens braucht ein Kind eine Bindung an eine oder an mehrere Personen, die für das Kind da sind, es versor-

gen, sich einfühlen, trösten und es bei seinen Bemühungen
unterstützen, die Welt zu begreifen, indem sie ihm eine sichere
Basis bieten, um seine Umwelt zu erkunden und zu erobern,
aber auch, um bei „Gefahr" jederzeit in ihren Schutz flüchten
zu können (2).

Gelingt diese Bindung, so hat das Kind gute Voraussetzungen erworben, um mit sich selbst und anderen Menschen im
Leben zurechtzukommen und eine selbstbewußte und selbständige Persönlichkeit zu entwickeln. Erlebt ein Kind schon zu
Beginn seines Lebens, daß seine Signale (z. B. weinen) nicht verstanden oder ignoriert werden, so zieht es sich aus Angst vor
Zurückweisung in sich zurück und wird mit seinem Selbstwertgefühl und Selbstverständnis in vielen Lebensbereichen, besonders auch mit sozialen Kontakten und Beziehungen, Probleme
haben.

Eine vertrauensvolle Beziehung zu Eltern und ErzieherInnen
entsteht in der alltäglichen Kommunikation durch Zuhören,
einfühlendes Verständnis und einen partnerschaftlichen Dialog
(3), der das Kind ernstnimmt und als Gesprächspartner achtet.

Sonja: „Ich will nicht mitgehen (zum Ausflug)!"
Erz.: „Schade, ich freue mich, wenn Du mitkommst. Warum willst Du
denn nicht mit?"
(Die Erzieherin äußert ihr Gefühl und zeigt Interesse.)
Sonja: „Ich mag nicht laufen, das ist so weit ."
Erz.: „Wandern macht dir keinen Spaß?"
Sonja: „Ne, überhaupt nicht."
Erz.: „Ich wandere gerne. Jeder hat an etwas anderem Spaß. Was machst du
denn gerne?"
(Sie verdeutlicht, daß beide verschiedene Vorlieben haben und zeigt weiter-
hin Interesse)
Sonja: „Schwimmen."
Erz.: „Weißt Du was, vielleicht können wir ja mal einen Ausflug zum
Schwimmbad planen. Ich muß mal sehen, ob das geht."
Sonja: „Au ja, das wäre toll."

4. Bedürfnis nach seelischer und körperlicher Wertschätzung
Hört, sieht und spürt ein Kind Wertschätzung und Anerkennung seiner Person um seiner selbst willen, so kann es ein positives Selbstwertgefühl entwickeln. Besonders wichtig ist es für
Kinder, diese Wertschätzung zu spüren, wenn das Sprachver-

ständnis noch nicht voll entwickelt ist, denn dann orientiert sich das Kind an Blicken, Gesten und am Körperkontakt, wie Gehalten- und Gestreichelt-Werden. Ohne befriedigenden Körperkontakt kann ein Kind nicht lernen, sich selbst zu spüren und zu lieben.

„Guten Morgen, schön, daß Du da bist!" sagt die Erzieherin. Sie schaut dem Kind freundlich ins Gesicht und streicht ihm über den Arm. Schon dieser kurze Moment bedeutet sehr viel für die Beziehung. Das Kind kann sich geschätzt und willkommen fühlen.

5. Bedürfnis nach Anregung, Spiel und Leistung

Spielen ist die Hauptaktivität von Kindern. Im Spiel erobern und erkunden sie die Welt, erproben ihre Möglichkeiten und verarbeiten ihre Erlebnisse und Eindrücke. Wichtig ist, daß ihnen die Umwelt die entsprechenden Möglichkeiten dazu bietet; Anregungen, die nicht zu Reizüberflutung und Überforderung führen und damit beängstigend und abschreckend wirken, sondern die ihre Neugier wecken und ihnen eine Vielfalt von Handlungsmöglichkeiten eröffnen.

Mit ca. 3–4 Jahren erleben sich Kinder als „Verursacher" ihrer Tätigkeiten, z.B. Baumeister des Turms – sie entdecken ihre Leistungsfähigkeit. Leider bewerten viele Erwachsene den Aspekt der Leistung und des Könnens schon sehr früh zu hoch, was zur Folge hat, daß statt der Freude am Tun das Hauptaugenmerk auf dem Produkt, dem Erfolg liegt. Wenn ein Kind nicht mehr stolz auf eigene Fortschritte und Entdeckungen sein kann, sondern sich als unzulänglich betrachtet und kritisiert erlebt, hat dies negative Auswirkungen auf die Entwicklung seines Selbstbildes:

„Was soll das denn sein?" fragt die Erzieherin und hält ein Blatt in der Hand, auf dem viele rote Linien kreuz und quer gemalt sind.
„Das Gekritzel heben wir nicht auf", sagt sie und legt das Blatt zu dem Papier, das weggeworfen wird.
„Nein", sagt das Kind, nimmt sein Blatt und geht traurig, trotzig weg.

Ein anderer Weg ist, Interesse zu zeigen:

„Was malst du heute?" fragt die Erzieherin
Eric: „Feuer!"
Erz.: „Feuer?"

Erioi „Ja, das ist das Feuer von einem Drachen, der das spuckt … ganz
gefährlich!"
Erz.: „Gefährliches Feuer von dem Drachen malst du?"
(Sie spiegelt einfach seine Aussage wider, ohne zu werten, und ermuntert
ihn so zum Weiterreden.)
Eric: „Ja, hab' ich geträumt … das brennt … ."

So kann sich ein Gespräch entwickeln und eine Beziehung zwischen den beiden, in der sich das Kind ernstgenommen fühlt und
die Erzieherin viel über seine Gedanken und Gefühle erfährt.

6. Bedürfnis nach Verwirklichung und Bewältigung existen-
   tieller Lebenskrisen
Im Laufe der Entwicklung des Selbstbildes spielt es eine entscheidende Rolle, ob dem Kind seine Gefühle als seine eigenen
widergespiegelt werden oder ob auf seine Selbstäußerungen beispielsweise wertende Urteile und Zuschreibungen erfolgen: „Laß
das, das verstehst du noch nicht" oder „Du bist doch unser Träu-
mer hier …" statt: „Das denkst du dir …" in annehmendem Ton.

Übergehen der Gefühle und Gedanken von Kindern durch
Bewerten, Urteilen, Drohen, Beschimpfen, Belehren u. a. er-
zieht zur Anpassung, Selbstaufgabe und Selbstverachtung. Kinder richten sich nach den Meinungen und Aussagen ihrer wichtigsten Bezugspersonen, um deren Liebe und Zuneigung nicht
zu verlieren. Ausmaß und Intensität dieser Erfahrung entscheiden darüber, ob sich ein Kind letztlich so weit anpassen muß,
daß es gar nicht mehr wahrnimmt, was es selbst will und fühlt.

Viele der sogenannten Verhaltensauffälligkeiten sind Aus-
druck einer sinnvollen Bemühung um Befriedigung seiner
Grundbedürfnisse in einer schwierigen Situation. – Es sind die
Lösungsmöglichkeiten, die ein Kind für sich gefunden hat.

Neue Lebensabschnitte oder Erfahrungen von Ereignissen
wie dem Tod eines Angehörigen, Krankheit, Scheidung oder
Arbeitslosigkeit der Eltern, Umzug in eine andere Stadt,
Umweltzerstörung und vieles mehr lösen tiefgreifende Ängste
und Krisen bei Kindern und Jugendlichen aus. Hier ist es wichtig, daß sie mit diesen Problemen nicht allein gelassen werden,
sondern einfühlsames Interesse an ihren Gedanken und Gefühlen erleben und Trost und Unterstützung bei der Suche
nach Lösungen und der Bewältigung von Ereignissen finden.

4 Kontakt aufnehmen

Ein Kind, das in den Kindergarten kommt, bringt seine bisherigen Beziehungserfahrungen mit. Die Situation ist zunächst fremd: viele andere Kinder, neue Erwachsene, unbekannte Räume und Dinge.

Ob bald Neugierde und Entdeckungsfreude die Oberhand gegenüber ängstlichen, unsicheren Gefühlen gewinnen, hängt wesentlich von den Vorerfahrungen eines Kindes ab, z. B. wie sicher es seine Bindung an die (in der Regel elterliche) Bezugsperson erlebt hat. In Verhaltensuntersuchungen (1) zu diesem Thema verließ die Mutter für kurze Zeit den Raum, und aus den Reaktionen des (etwa einjährigen) Kindes wurden Schlüsse über die Qualität der Bindung gezogen.

Kinder, die ihre Mutter vermissen und die schnell körperliche Nähe, Trost und Sicherheit suchen, sobald ihre Mutter wieder erreichbar ist, gelten als sicher gebunden; Kinder, die nicht oder kaum reagieren, als unsicher gebunden. Diese Kinder vermeiden zu zeigen, daß sie sich hilflos und allein fühlen. Einige Beobachter dieser Situation deuteten auf den ersten Blick, es handle sich hier um sehr selbständige Kinder; tatsächlich haben diese jedoch schon gar nicht mehr die Erwartung, liebevoll getröstet zu werden, weil sie fürchten, abgewiesen und nicht ernstgenommen zu werden. Auch bei intensiver Belastung strengen diese Kinder sich an, keine Signale der Hilfsbedürftigkeit an die Mutter zu senden.

Sicher gebundene Kinder bringen die Erfahrung mit, daß ihre Mutter oder Bezugsperson mitfühlend auf sie eingeht. Sie erleben sie als Sicherheitsbasis, von der aus sie die Welt erobern und erkunden können und zu der sie bei „Gefahr" zurückkehren können. Dort erleben sie sich als akzeptiert und willkommen. Unsicher gebundenen Kindern fehlt die verläßliche Erfahrung dieser Vertrauensbasis. Sie versuchen, mit ihren Gefühlen

allein zurechtzukommen, was ihnen mehr oder weniger gut
gelingt, sie aber ablenkt, Ziele und Absichten im Spiel zu entwickeln und sich zu konzentrieren. Alle Kinder, die mit vierein-
halb Jahren Verhaltensauffälligkeiten zeigten, waren Kinder, die
in Langzeitstudien als unsicher gebunden beobachtet worden
waren.

Wenn Kinder zum ersten Mal in den Kindergarten kommen,
so ist dies zunächst eine Situation vergleichbar mit der in der
beschriebenen Untersuchung. Die Kinder müssen sich von
ihren Müttern trennen und werden diese zunächst vermissen.
Kinder mit sicherer Bindung werden sich anders verhalten als
unsicher gebundene Kinder.

Viele Kinder brauchen eine Übergangszeit, in der die Mutter
zunächst noch anwesend und erreichbar ist (z. B. mit dem Kind
zusammen die Räume besichtigt oder mit anderen Müttern in
der Elternecke sitzt o. ä.), wobei in dieser Situation auch die
Mutter ihrerseits das Kind loslassen muß, um es vertrauensvoll
den ErzieherInnen für einige Stunden zu überlassen. Die Zeit,
die Kinder allein in der Einrichtung verbringen, kann allmählich
ausgedehnt werden (beginnend mit 1–2 Stunden in den
ersten Tagen), so daß ausreichend Zeit vorhanden ist, um mit
der Erzieherin, den anderen Kindern und den Räumlichkeiten
bekannt und vertraut zu werden. Abrupte Trennungen können
dazu führen, daß Kinder sich verlassen fühlen und trauern.

Die Erzieherin braucht Zeit, um sich auf ein Kind einzustellen, um zu verstehen, was es braucht und will; deshalb nehmen
manche Einrichtungen nicht alle neuen Kinder an einem einzi-
gen Tag, sondern in kurzen Abständen auf. Schmusetiere und
Begrüßungsrituale erleichtern das Einleben im Kindergarten.

Sicher gebundene Kinder werden ihre Beziehungserfahrungen
und Erwartungen allmählich auf die Erzieherin übertragen und
sie, wenn sie sich angenommen fühlen, als Sicherheitsbasis für
ihre aufregenden Entdeckungen und Begegnungen im Alltag
annehmen können.

Unsicher gebundene Kinder haben es schwerer, sich zu lösen,
obwohl sie das selten direkt äußern. Aber die Mutter loszulassen bedeutet, den letzten Rest an Sicherheit aufzugeben. Da sie
von den ErzieherInnen zunächst das erwarten, was sie kennen,

gehen sie selten vertrauensvoll auf diese zu. Sie werden eher vorsichtig reagieren oder forsch aggressiv, da sie verstärkt Kritik und Ablehnung fürchten oder aus Gewohnheit provozieren. Hier braucht die Erzieherin Einfühlungsvermögen, um dem Kind Schutz, Geborgenheit und Verläßlichkeit anzubieten. Nur so kann sie allmählich sein Vertrauen gewinnen, es zum Erforschen und Erkunden seiner Umgebung ermuntern und dabei begleiten. Je mehr Vertrauen ein Kind gewinnt und sich der Hilfe und Unterstützung seiner Bezugsperson gewiß ist, desto eher wird es seine Bedürfnisse mitteilen und sich unternehmungslustig trauen, Beziehungen zu den anderen Kindern aufzunehmen, eigene Spielideen zu entwickeln und sich im Spiel zu vertiefen.

Eine sichere vertrauensvolle Beziehung ist das Fundament für Selbständigkeit. Sicher gebundene Kinder bringen die Erwartung mit, daß ihnen die Erzieherin so hilfreich und freundlich begegnet, wie sie es gewohnt sind. Sie teilen ihre Gefühle mit, nehmen leichter Kontakt mit anderen Kindern auf und lösen ihre Konflikte eher selbst.

Diese Ausführungen orientieren sich zunächst an den Erkenntnissen, die in Langzeitstudien zu dem Thema „Entstehung von Bindungen" gewonnen wurden. Der Alltag wirft hierzu einige Fragen auf:

- Kann eine Erzieherin es überhaupt leisten, Bezugsperson für mehr als 5–10 Kinder zu sein, vor allem, wenn es bei einigen Kindern länger dauert und viel Engagement erfordert, um eine Vertrauensbeziehung aufzubauen?
- Welche Vorstellungen und Einstellungen haben Eltern bzw. ErzieherInnen gegenüber Kindern, was erwarten sie von diesen in der Situation des Neubeginns im Kindergarten?
  Ist einfühlendes Verständnis in die Situation des Kindes wichtig, oder gibt es andere Werte oder Ziele, z.B. frühe Selbständigkeit?
- Welche Erfahrungen bringen Eltern und ErzieherInnen aus ihrer eigenen Kindheit mit?
- Wie wird der Bedeutung, Beziehungen aufzubauen und zu gestalten, in pädagogischen Konzepten und bei der Planung und Vergabe von Stellen Rechnung getragen?

- Wie wird dieser Aspekt der Arbeit in die Planung und Gestaltung des Alltagsablaufs einbezogen?
- Wird die Entwicklung von Beziehungsfähigkeit als pädagogisches Ziel angesehen?
- Wird bei der Planung und Vergabe von Stellen der Aspekt einer vertrauensvollen und sicheren Beziehung als Grundlage für die Entwicklung der kindlichen Persönlichkeit ausreichend beachtet?
- Wie wird diese Beziehungsarbeit gesellschaftlich anerkannt und honoriert?

Erster Eindruck

In den ersten Momenten einer Begegnung werden sehr viele Informationen über die andere Person aufgenommen und Schlüsse daraus gezogen. Dies geschieht oft gar nicht bewußt.

Der erste Eindruck, der äußere Erscheinung, Bewegung, Gesten, Mimik, Stimme und Worte umfaßt, läßt ein Bild vom Gegenüber entstehen, löst Gefühle und Erinnerungen aus und bestimmt maßgeblich die Art und Weise, wie wir Kontakt aufnehmen und in Beziehung treten.

- Erinnern Sie sich an ein bestimmtes Kind (an eine Elternperson oder eine Kollegin) und überlegen Sie:
  Was ist mir zuallererst aufgefallen?
  Was habe ich darüber gedacht?
  Was war mein Gefühl?
  Hat sich mein Bild von diesem Kind bestätigt oder mit der Zeit verändert?

Erz.: „Wie der kleine Kerl da so in der Türe stand und mich mit seinen großen Augen anschaute, da wußte ich sofort, wir werden uns verstehen, aber es wird etwas dauern, bis er auftaut."
Erz. (über den ersten Kontakt zu einer Kollegin): „Als ich die Frau reden hörte, nur ihren Ton, da bekam ich eine Gänsehaut … ich traute mich schon gar nicht mehr, mit ihr zu reden, dann stellte sich aber heraus, daß sie eigentlich ganz nett ist, und heute kommen wir gut miteinander aus …"

In der ErzieherInnenfortbildung gibt es Übungen, sich den ersten Eindruck bewußt zu machen, auszusprechen und zu überprüfen.

♦ Intuition:

4–5 Personen (z. B. im Team) setzen sich zusammen und stellen zu einer Person Überlegungen an, wie diese wohl als Fünfjährige (Zehnjährige) gelebt, gedacht, gefühlt und ausgesehen haben könnte. Jeder Beteiligte äußert einfach spontane Ideen. Anschließend kann die betreffende Person erzählen, welche Vermutungen zutreffen und welche nicht. Jede/r in der Gruppe ist einmal an der Reihe, im Mittelpunkt der Überlegungen zu stehen.

♦ Erfahrungen:

Diese Übung ermöglicht es festzustellen, inwieweit unser erster Eindruck zutreffend ist, wie wir andere beobachten, aufgrund welcher Merkmale wir Schlüsse ziehen, wann wir von uns auf andere schließen und wo die Grenze zu Vorurteilen liegt.

Manche TeilnehmerInnen werden angeregt, mehr über ihre Kindheit zu erzählen, was die eigenen Erlebnisse, auch im Zusammenhang mit dem Kindergarten, wieder näher bringt und zum gegenseitigen Kennenlernen beiträgt. Die befragte Person kann einen Eindruck bestätigen oder ablehnen. Eindrücke und Vermutungen sollten auch als solche ausgedrückt und formuliert und nicht als Tatsachen festgestellt werden, denn diese Übung dient der spielerischen Überprüfung der eigenen, ganz persönlichen Wahrnehmung.

Spannend ist auch zu erleben, welche sehr verschiedenen Gesichtspunkte unterschiedliche Frauen bei ein und derselben Person wahrnehmen und beobachten.

♦ Noch eine weitere Übung aus der Fortbildung, die sich mit dem ersten Eindruck befaßt:
Ich denke, du denkst …

Zwei Personen sitzen sich gegenüber und eine beginnt: Ich denke, als du mich zum erstenmal gesehen hast, dachtest du …"
Die Antwort kann die Vermutung bestätigen oder widerlegen, und daraus kann sich ein gutes Gespräch entwickeln.

♦ Erfahrungen.

Dieser Austausch unter KollegInnen war sehr hilfreich, da viele ErzieherInnen berichteten, daß sie sich bemühten, einem Bild zu entsprechen, von dem sie glaubten, daß andere es hätten. Andere wollten einen bestimmten Eindruck vermeiden, den die andere Person gar nicht hatte. Es waren eigene Bilder und Befürchtungen. Solche Klärungen erleichtern die Gestaltung der Beziehungen und vermeiden „Knoten" im Verhalten und in der Kommunikation.

Auch bei Kindern fließen in den ersten Eindruck eigene Vorstellungen und Erinnerungen. Kinder, in deren Welt die Anzahl der Erwachsenen, mit denen sie bisher zu tun hatten, meist noch sehr begrenzt ist, bringen trotzdem auch Erwartungen und Vorstellungen mit. Sie prüfen genau, ob sie einer Person trauen können und ob deren Worte und Handlungen übereinstimmen, d.h. sie orientieren sich sehr stark an nonverbalen Signalen.

Jan: „… die lacht so, dabei schreit sie gleich los."
Merle: „Frau K. ißt immer Salat, die mag ich … . Erzieher sind Leute, die Salat essen … ."

Beziehungen bewußt gestalten: Bausteine für die Beziehung mit Kindern im Alltag

Was braucht eine tragfähige Beziehung?

Eine ideale Beziehung für ein Neugeborenes besteht dann, wenn die Eltern feinfühlig seine „Mitteilungen" wahrnehmen, richtig verstehen und zufriedenstellend erfüllen (1). Die Fähigkeiten, Verhaltensweisen und Einstellungen der Eltern, wie auch ErzieherInnen, kann man auch als Erziehungsstil bezeichnen. Dieser ist abhängig von der eigenen Lebenserfahrung als Kind, von der aktuellen Situation und der ganz allgemeinen Lebenssituation, dem Beruf, der Ausbildung sowie von dem Geschlecht und dem Alter des Kindes. Auch wenn sich Personen sehr unterschiedlich verhalten, so hat jede doch einen ganz eigenen, charakteristischen Stil, was es z.T. sogar möglich macht, Reaktionen vorauszusagen. Kinder wissen das oft intuitiv und stellen sich darauf ein.

Lisa: „Bei Frau B. dürfen wir das nicht, die schimpft, Herr S. erlaubt das, wenn wir hinterher aufräumen … ."

Natürlich sind Erziehungsstile nicht so festgelegt, als daß sie nicht über Selbsterfahrung, Selbstreflexion, Einstellungsänderung, Kompetenz- und Wissenserweiterung verändert werden können.

Welche erzieherischen Verhaltensweisen und Einstellungen fördern eine positive Beziehung und ermöglichen den Aufbau einer sicheren Bindung?

Von Bindungsqualitäten kann man sprechen, wenn:

• das Prinzip der Gegenseitigkeit vorherrschend ist, d.h. ErzieherInnen (Eltern) und Kinder sowohl Rechte als auch Pflichten haben, wobei die Erwartungen an die Kinder altersgemäß sind. Die Kinder erfahren Mitspracherecht, Unterstützung

für selbständiges Handeln, sie werden an Entscheidungen beteiligt und in ihren Meinungen ernstgenommen.

• eine ausgewogene Mischung zwischen *Liebe* und *Struktur*
besteht.
Liebe bedeutet: warmherzig und fürsorglich auf die Gefühle
und Bedürfnisse des Kindes eingehen, ihm Zuwendung geben, ihm Sympathie und Feinfühligkeit zeigen, Vorbild sein
und Verständnis für seine Interessen und Ideen zeigen.
Struktur heißt: ErzieherInnen (Eltern) vertreten ihre Ansichten klar und mit logischen Erklärungen. Sie geben klare,
deutliche und begründete Anweisungen. Sie fördern Eigenständigkeit, ohne alles zu erlauben, bieten Wahlmöglichkeiten und Alternativen. Lösungswege werden ebenso wie
deren Konsequenzen erörtert.

• sich die Erwachsenen so verhalten, daß das Kind sie versteht
und in der Beziehung auf der Basis gegenseitiger Wertschätzung und Respekt selbst Initiative und Kontrolle entwickeln
kann.

Erleben Kinder überwiegend diese Art der Beziehung, so können sie Selbstvertrauen, Selbständigkeit, soziale Verantwortlichkeit, Interesse an Leistung und Vitalität entwickeln (2). Die
erziehenden Personen sind Vorbild für die Entwicklung von
Beziehungs- und Bindungsfähigkeit. Von ihnen erlernen die
Kinder Rücksicht und Sympathie gegenüber anderen Menschen
und erwerben die Fähigkeit, gegenüber dem Lauf der Dinge zu-
versichtlich und gelassen zu bleiben. Sie können sich besser
konzentrieren und entwickeln, vor allem auch später, Engagement für soziale Belange.

Schauen wir uns erzieherisches Verhalten an, das gekenn-
zeichnet ist durch *Geringschätzigkeit, Kontrolle* und *Kritik:*

Hierbei werden den Kindern weniger Rechte zuerkannt als den
Erwachsenen, aber mehr Verantwortung als altersgemäß wäre.
Erzogen wird über Disziplinierung des Kindes. Die Interessen
der Erwachsenen werden durchgesetzt über Befehle, Anord-
nungen, Drohungen und Ermahnungen, Moralpredigten, über
Urteilen, Bloßstellen, Beschimpfen, Verhören und Ratschläge:
„Mach das jetzt so und nicht anders!".

Sowohl Einstellung als auch Verhalten unterscheiden sich stark von dem vorhergehend Beschriebenen. Entsprechend unterschiedlich sind auch die Beziehungserfahrungen, mit denen Kinder aufwachsen. Erzieherische Ungerechtigkeit verhindert die Entwicklung von Urvertrauen. Kinder werden tief verunsichert, wenn ihre Bedürfnisse nach Liebe und Nähe auf Kosten bestimmter Erziehungsziele (z. B. Leistung, Ordnung, Gehorsam) allzusehr in den Hintergrund gedrängt werden. Kinder lernen sich anzupassen aus Angst vor Strafe oder Abwertung, Selbständigkeit und Selbstvertrauen können sich nur unzureichend entwickeln. Wo die Unterstützung für eine vernünftige Eigenständigkeit in Handeln und Denken fehlt, sind die Kinder zunehmend auf ruheloser Suche nach Selbstdarstellung und Zuwendung, positiver wie negativer Art. Das Erleben von Einschüchterung, Demütigung und Beschämen erzeugt Furcht und Aggressionen gleichzeitig, was mehr oder weniger zum Ausdruck kommt. Angesichts des zunehmenden Gewaltverhaltens in Schulen, aber auch in Kindergärten, sind Überlegungen über die Auswirkungen von bestimmten Erziehungserfahrungen sehr aktuell.

Wie haben Kinder, die auffällig werden, ihre Beziehungen erlebt?

War bisher von Wertschätzung und Struktur bzw. von Kontrolle und Geringschätzung die Rede, so gibt es ein Verhalten, das eher als *Mangel an Beziehungserfahrungen* beschrieben werden kann, laisser-faire, mißverstandene antiautoritäre Erziehung oder einfach Vernachlässigung aufgrund persönlicher Überforderung von Eltern, sind hier mögliche Ursachen für ein Zuwenig an Beziehungserfahrungen überhaupt. Diese Kinder bringen keine bestimmten Erfahrungen mit, die ihre Erwartungen gegenüber den ErzieherInnen bestimmen, sondern viele Momente zwischenmenschlicher Beziehung sind ihnen fremd und unbekannt. Dies zu erkennen ist insofern wichtig, um diese Kinder nicht mit Erwartungen zu überfordern, die zu erfüllen ihnen die Voraussetzungen fehlen, was zu Enttäuschungen auf beiden Seiten führt.

Die Erzieherin setzt sich mit einem Bilderbuch in die Leseecke, um den Kindern vorzulesen und um mit ihnen über die Bilder zu sprechen; eine Situation, die sie sehr schätzt und für wichtig hält. Während einige Kinder mitmachen, läuft Joscha umher, schaut kurz auf die Bilder, sagt etwas und geht wieder, ohne eine Antwort oder eine Reaktion abzuwarten. So verhält er sich stets in dieser Situation. Er kennt sie nicht. Sie ist ihm fremd. Bisher hat er keine Erfahrung mit Erwachsenen, die sich setzen und mit ihm Bilder anschauen, die Interesse an seiner Meinung zeigen und ihm geduldig zuhören, so daß sich ein Gespräch entwickeln kann. Ihn zu bestrafen (beispielsweise: „Du darfst nicht mehr mitlesen") oder sich als Erzieherin zu ärgern, wäre hier völlig fehl am Platz. Wenn die Erzieherin und die anderen Kinder mit Joscha zusammen lesen und reden wollen, müssen sie ihm dies vermitteln.

Erz.: „Komm, Joscha, beim Lesen und Bilder anschauen setzen wir uns zusammen und bleiben sitzen, damit du alles siehst und hörst. Setz dich mal zu uns, Heike will dir was sagen … sie hat noch etwas auf dem Bild entdeckt."

oder:

Erz.: „Bilder anschauen ist zusammensitzen, reden und zuhören, das ist anders als spielen."

Hier geht es zunächst einmal um gemeinsames Lernen mit klaren begründeten Erklärungen und begleitenden Anweisungen in einer wertschätzenden Atmosphäre. Dies gilt besonders im Hinblick auf die ersten Schuljahre. Grundschullehrer berichten zunehmend, daß vielen Kindern Situationen wie die oben beschriebene fremd sind und sie gar nicht wissen, wie sie in der Beziehungen zu den Erwachsenen und zu den anderen Kindern handeln können. Sie stören nicht aus Absicht, sondern aus Unkenntnis und Mangel an Erfahrung.

Ebenfalls sehr wenig Erfahrung in der Gestaltung von Kontakten und Beziehungen bringen Kinder mit, die *überbehütet* aufgewachsen sind. Für sie bedeutet die erfahrene Liebe gleichzeitig eine Einschränkung ihrer Eigeninitiative als auch ihrer Selbständigkeit, die zum Lernen und Erkunden der Welt notwendig sind. Sie sind daran gewöhnt, daß ihnen vieles abgenommen wird („Ich mach's für dich."). Sie trauen sich daher selbst wenig zu und haben Schwierigkeiten zu wissen, was sie wollen. Da sie gleichzeitig auch zu wenig altersgemäße Verantwortlichkeit erlernt haben, werden sie mitunter zerstörerisch oder selbstzerstörerisch, und es fällt ihnen schwer, Grenzen wahrzunehmen und zu akzeptieren, die andere setzen, da sie erleben, daß ihre eigenen Grenzen nicht geachtet werden.

Jasmin sitzt ratlos vor einem leeren Blatt Papier und kaut an einem Bunt-
stift. Sie schaut auf drei andere Kinder am Tisch, die malen und ausschnei-
den.
Erz.: „Jasmin, willst Du auch malen?"
Jasmin: „Kann ich nicht. „
Erz.: „Hast du's schon mal versucht?"
Jasmin: „Hilf mir."
Erz.: „Ich weiß gar nicht, was du malen willst, fang doch einfach mal an."
Jasmin sitzt weiter vor ihrem leeren Blatt und schaut zu Felix, der neben
ihr malt; dann nimmt sie einen schwarzen Stift und zieht eine dicke Linie
quer über sein Blatt. Felix schreit auf: „Mein Bild, die hat mein Bild kaputt
gemacht.", und er weint laut.
Jasmin ungerührt: „Das sollte so …"
Erz.: „Nein, Jasmin, das geht nicht, daß du im Bild von Felix malst. Du hast
ein Blatt für dich, und du mußt ihn erst fragen, ob du bei ihm mitmalen
darfst …"

Überbehütete Kinder brauchen die Erfahrung, daß sie Wertschätzung erleben können zur Entwicklung von Selbständigkeit
und Eigeninitiative. Sie brauchen klare Grenzen, innerhalb
derer sie sich entwickeln und entfalten können.

Die Ausführungen und Beispiele sind nicht als Anregungen
gedacht, Kinder vorschnell in eine „Schublade" zu stecken,
selbstverständlich sind bei der Einschätzung, welche Unterstützung Kinder in der Beziehung brauchen, verschiedene Informationen notwendig, u. a. aus der täglichen Beobachtung, aus dem
Umgang miteinander und dem der Kinder untereinander, aus
Gesprächen mit den Eltern und aus Kenntnissen über die Lebenssituation des Kindes. Jedes Kind ist verschieden und
gerade in Beziehung zu anderen Menschen wird erst deutlich,
wo seine ganz eigenen Stärken liegen und wo es Unterstützung
braucht.

Beziehung ohne Worte

Die Haut ist das größte Organ unseres Körpers, welches sich
am frühesten entwickelt und am sensitivsten reagiert. Man kann
leben, wenn man blind und taub ist, aber nicht ohne Haut. Das
taktile System entwickelt sich bereits im Mutterleib und funk-
tioniert voll, wenn sich optische und akustische Systeme erst zu

entwickeln beginnen. Die Haut besitzt Rezeptoren, die die
unterschiedlichen Informationen aufnehmen und zum Gehirn
weiterleiten: Hitze, Kälte, Schmerz, Druck, Oberflächen-
beschaffenheit usw. Sie ist unser wichtigstes Organ, mit dem
wir Körperkontakt aufnehmen und empfinden können. Ohne
ausreichende Hautstimulierung neigt das Nervensystem dazu,
aus dem Gleichgewicht zu geraten; Berührung und Körperkontakt sind sehr wichtig für die gesamte Entwicklung des Menschen, außerdem wird auf diesem Wege das Immunsystem ge-
stärkt. Körperkontakt bestätigt uns die eigene Existenz. So ist
z. B. weniger wichtig, ob eine Mutter stillt oder die Flasche gibt,
sondern daß sie sich dem Kind zuwendet, es liebevoll berührt
und hält. Interessant sind hier die interkulturellen Vergleiche
(3). Eskimo- oder Indianerstämme, die Kinder bis zum Krab-
beln oder Laufen am Körper tragen, haben ein hohes Streß-
abwehrvermögen und eine außerordentliche räumliche und
mechanische Geschicklichkeit. Sie trennen Raum und Zeit nicht
begrifflich, haben einen guten Gleichgewichtssinn und werden
als sehr ausgeglichen geschildert. In unseren westlichen Kulturen ist das Wissen um die körperlichen Bedürfnisse der Kleinkinder (und Erwachsenen) ziemlich verlorengegangen. Reli-
giöse Tabus, Erziehungsvorstellungen (z. B.: man darf Kinder
nicht verwöhnen) haben die Bedeutung des Körperkontaktes
für die Entwicklung und für das allgemeine Wohlbefinden ver-
drängt. Mangelnder intensiver und liebevoller Kontakt in der
Kindheit ist eine bedeutende Ursache bei der Entstehung von
Krankheiten, Depressionen und Ängsten.

Kinder nehmen von sich aus Körperkontakt auf. Sie wollen
auf den Arm genommen werden, das bedeutet für sie Schutz und
Geborgenheit und Trost. Zu dem Berührungstabu in unserer
Gesellschaft sind in letzter Zeit sehr viel häufiger Situationen ins
Blickfeld gerückt, in denen Erwachsene nicht willens oder in der
Lage sind, Nähe und Sexualität zu unterscheiden und Kinder zur
Befriedigung ihrer sexuellen Bedürfnisse mißbrauchen. Hier
wird die Befriedigung eines Grundbedürfnisses für Kinder zu
einer scham- und angstbesetzten Erfahrung.

Etwa im Alter zwischen 3 und 6 Jahren, eine wichtige Zeit der
Identitätsentwicklung, lernen Kinder Phantasie und Wirklich-

keit zu trennen, herauszufinden, was es bedeutet, ein Junge/ Mädchen zu sein und Nähe und Sexualität zu unterscheiden. Dies kann nur gelingen, wenn sie dabei Unterstützung von erwachsenen Bezugspersonen erfahren, die sich selbst eindeutig verhalten und sich ihrer Verantwortlichkeit für die Kinder und deren Bedürfnisse bewußt sind.

Ein Beispiel aus dem Kindergartenalltag:
Ein Mädchen setzt sich auf den Schoß seiner Erzieherin und beginnt, seinen Schambereich an ihr zu reiben.
Die Erzieherin sagt: „Ich mag nicht, daß du dich so an mir reibst, aber du kannst dich beim Vorlesen gerne anders bei mir auf den Schoß setzen."
Die Erzieherin klärt die Situation, ohne die Nähe des Kindes abzuwehren, und hilft ihr so, Nähe und Sexualität zu unterscheiden, ohne diese abzuwerten.

Verstehen ohne Worte

Lange bevor sie sprechen lernen, Worte verstehen und sich durch Worte mitteilen, orientieren sich Kinder an Gesten, Mimik und Ton. Zu jeder sprachlichen Mitteilung gehören nicht-sprachliche Signale. Dies ist so selbstverständlich, daß kaum jemand bewußt darauf achtet, obwohl eine Beziehung zu einer anderen Person ganz wesentlich davon mitbestimmt wird. Tonfall, Gesten, Gesichtsausdruck, Bewegungen und Körperhaltung sind besonders geeignet, Gefühle und Einstellungen mitzuteilen. So gelingt es selten, die wirkliche Einstellung und den momentanen Gefühlszustand zu verheimlichen; beispielsweise freundlich zu antworten, wenn man wütend ist. Es wirkt unecht und gezwungen. Kinder registrieren solche Widersprüche sehr sensibel. Sie brauchen eindeutige Mitteilungen.

Da wir Erwachsene sehr oft nur auf das gesprochene Wort festgelegt sind, tun wir uns schwer mit Kindern, die dies nicht perfekt beherrschen.

Wie können wir ihnen in ihrer „Sprache" begegnen? Beziehung aufnehmen heißt, sie dort abzuholen, wo sie sind.

Anschauen, Blickkontakt, freundliches Anlächeln bei der Begrüßung, bei einem kurzen Dialog oder einem längeren Gespräch schenken dem Kind Aufmerksamkeit und Zuwendung.

Es kann sich wahrgenommen und in seiner Existenz beachtet
fühlen – eine Botschaft auch ohne Worte: Ich sehe dich ... .
Diese kleinen Momente können unendlich kostbar für eine Beziehung und die Entwicklung des Kindes sein.

> „Wenn Du mich sanft berührst,
> wenn Du mich anschaust und mir zulächelst,
> wenn Du mir manchmal zuhörst, bevor Du redest,
> werde ich wachsen, wirklich wachsen."
> (Bradley, 9 Jahre) (4)

Dort, wo Kinder für Sprache nicht zugänglich sind oder sie nicht
verstehen oder eine direkte Kontaktaufnahme aus verschiedenen
Gründen ablehnen bzw. meiden, besteht eine Möglichkeit, sich
einfach in die Nähe des Kindes zu begeben und durch ein Anpassen an die Körperhaltung und den Atemrhythmus Kontakt
ohne Worte zu pflegen. Diese Momente können bei dem Aufbau
einer vertrauensvollen Beziehung helfen und Kinder einladen,
sich angenommen und verstanden zu fühlen. Auch bei Erwach-
senenkontakten kann eine Achtsamkeit für diese nichtsprachlichen Seiten der Beziehung den Kontakt erleichtern.

Spielerische Begegnungen ohne viel Worte fördern den Kontakt miteinander und lassen Beziehungen entstehen und wachsen; besonders, wenn Kinder neu in den Kindergarten oder in
die Gruppe kommen, aber auch einfach zwischendurch im Kindergartenalltag.

Hier sind einige Anregungen:

♦ *Guten Tag*
Sich mit den Füßen begrüßen oder mit dem Rücken (wie die
Wildschweine) oder mit den Köpfen ... ohne Worte, mit viel Zeit.

♦ *Ich bin*
Den Namen nennen und sich mit einer besonderen Geste, Bewegung vorstellen.

♦ *Wiegen in einer Decke*
Ein Kind legt sich auf eine Decke und zwei Erwachsene heben
die Decke an den Enden so, daß sie das Kind wiegen können.
Auch eine ganze Gruppe kann so ein Kind wiegen.

◆ *Vertrauensspaziergang*
Ein Kind schließt die Augen (wenn das Verbinden der Augen
zu viel Angst hervorruft) und läßt sich von einem Erwachsenen
oder einem anderen Kind führen. Dabei ist wichtig, den „Blin-
den" vorsichtig zu geleiten, auf Hindernisse aufmerksam zu
machen, ihn/sie riechen, tasten, hören zu lassen und ihm/ihr die
Umgebung zu beschreiben. Für jemand anderen zu sehen und
ihm interessante Eindrücke zu schenken, erfordert Einfühlungsvermögen. Es ist eine besondere Erfahrung, sowohl sich
anzuvertrauen und führen zu lassen als auch jemand anderen zu
begleiten.

◆ *Massage*
Die Kinder massieren sich gegenseitig den Rücken oder die
Hände oder die Füße (auch mit Creme oder Öl). Mit viel Spaß
lernen die Kinder hier sehr schnell, massieren gerne oder lassen
sich gerne „behandeln".

◆ *„Wer bist du?"*
Die Kinder ertasten und erraten mit geschlossenen oder ver-
bundenen Augen einen Spielfreund.

◆ *Spiegelbild*
Zwei Kinder stehen sich gegenüber und versuchen sich in ihren
Bewegungen anzugleichen, oder ein Kind beginnt, und das
andere ahmt es nach. Klassische Musik zur Untermalung ist hier
ganz reizvoll.

◆ *Pantomime*
Pantomimen und So-tun-als-ob kommen den spielerischen
Aktivitäten der Kinder sehr entgegen. Nachahmen und darstel-
len lassen sich Tätigkeiten, Gefühle, Personen, Tiere, Gegenstände, Phantasien …

Unsere Erfahrung und unser Umgang mit uns selbst bestimmen
die Art und Weise, wie wir Kindern begegnen, wie wir ihre
Bedürfnisse wahrnehmen und wie wir sie erfüllen können –
oder auch nicht.

✱ Überlegungen für ErzieherInnen:

- Was verbinde ich mit Berührung?
- Welche Einstellung habe ich zum Thema Körperkontakt, und wie ist diese entstanden?
- Wie sind meine eigenen Erfahrungen, wie wurde ich z. B. als Kind getröstet?
- Verhalte ich mich ähnlich oder ganz anders, als ich es erlebt habe?
- Gebe ich anderen Anerkennung mit Worten oder ohne Worte?
- Kann ich andere direkt anschauen?
- Wie gehe ich mit meinen Bedürfnissen nach Anerkennung und Berührung um?
- Gibt es bestimmte Muster, die ich in allen Beziehungen wiederhole?
- Gibt es etwas, was ich gerne ändern will in diesem Bereich?

Keine leichten Fragen, manchmal ist es unangenehm, sich selbst solche Fragen zu stellen, und dennoch sind es diese Gedanken, die uns weiterbringen.

„Zärtlichkeit – habe ich nie so kennengelernt, entdecke ich erst ganz allmählich. Das habe ich bei der Erziehung meiner Kinder sicher auch sehr übersehen." (Pädagoge, 45 Jahre). „Ich hielt es für Gefühlsduselei … ." „In den Arm genommen wurde ich nur, wenn ich krank war."

Einfühlen

Einfühlen ist die Kunst, sich auf die Gefühle einer anderen Person einzustellen, seelisch mitzuschwingen. Meist geschieht dies ohne Worte und intuitiv. Äußerlich beobachtbar ist häufig eine ähnliche Körperhaltung zweier Menschen, ihr Atemrhythmus gleicht sich an. (5) S. Schmidtchen bezeichnet diesen Prozeß auch als seelisches „miteinander tanzen", wie beim Tanz sind die Bewegungen nicht genau parallel, aber übereinstimmend, aufeinander abgestimmt, wobei körperliche Nähe oder Abstand nicht die entscheidende Rolle spielen. In diesem Moment der Beziehung, in dem sich jemand verstanden fühlt, wird ein

Grundbedürfnis befriedigt, dem schon zu Beginn des Lebens eine besondere Bedeutung zukommt. Eine sichere Bindung entsteht durch die früheste Erfahrung des Kindes, daß seine Gefühle richtig verstanden werden, besonders sein Schreien. Je besser eine Mutter sich einfühlen kann in ihr Kind, seine Signale versteht, mit denen es seine Gefühle mitteilt, desto eher lernt das Kind, ihr zu vertrauen, erlebt es sie als verläßliche Bezugsperson, die verfügbar ist (6). Mütterliche Feinfühligkeit gegenüber kindlichen Gefühlsäußerungen und „Mitteilungen" ist Voraussetzung für die Entwicklung von Vertrauen in andere Menschen, für die Entwicklung von Selbstvertrauen und für die gesamte psychische Entwicklung überhaupt. Aber nicht nur die Mutter, auch andere Personen, die feinfühlig auf ein Kind eingehen, werden als verläßliche Bezugspersonen angenommen. Einfühlendes Verständnis kann behindert werden durch erzieherische Ansichten, wie z. B.: „Wenn man auf jedes Schreien reagiert, verwöhnt man das Kind"; oder: „Sich nicht durch Schreien den Willen des Kindes aufzwingen lassen!"; oder wie es früher hieß: „Schreien stärkt die Lungen." Schreien ist eine Mitteilung eines Grundbedürfnisses nach Gehalten-Werden und Geborgenheit, Ausdruck von Hunger, Bauchschmerzen oder anderem Unbehagen. Eingehen auf die Bedürfnisse fördert die seelische Entwicklung. Das Kind kann sich geliebt, geschützt und verstanden fühlen in der Beziehung. Mit ihrem Schreien wollen Kinder sich der für sie lebensnotwendigen Anwesenheit der Mutter oder anderer Bezugspersonen versichern, denn nach zwei Minuten Abwesenheit beginnt für einen kleinen Menschen die Ewigkeit, da das Zeitgefühl noch nicht entwickelt ist. In anderen Kulturen, wie Untersuchungen zeigen, werden die Nähebedürfnisse der Kinder sehr intensiv erfüllt, indem sie am Körper getragen werden. Diese Kinder wachsen sehr ausgeglichen auf. Die Idee des „Verwöhnens" durch einfühlendes Verständnis gehört in unsere Gesellschaft und hat vielen Kindern schon Erfahrungen von großer Einsamkeit, Verlassenheit und Hoffnungslosigkeit beschert, mit denen sie ein Leben lang zu kämpfen haben. Ihr Vertrauen in die Verläßlichkeit von Beziehungen oder in ihre Möglichkeiten, Beziehungen überhaupt mitgestalten zu können, wurde nachhaltig gestört.

Einige Wissenschaftler (7) gingen der Frage nach, wieso man-

die Menschen sich besser einfühlen können als andere, und
untersuchten über einen Zeitraum von 26 Jahren hinweg die
Zusammenhänge zwischen Erziehungsverhalten und Einfühlungsvermögen. Sie fanden heraus, daß wesentlich für die Entwicklung von späterem Einfühlungsvermögen ist, daß die
Eltern sich beide Zeit nehmen, das Kind gemeinsam zu umsor-
gen und seine Abhängigkeit ohne Aggression zu akzeptieren,
wobei das väterliche Engagement besonders wichtig ist. Auch
wenn hier angesichts der realen Lebensbedingungen vieler
Familien – beruflich abwesende Väter oder alleinerziehende
Mütter/Väter – von sehr idealen Voraussetzungen ausgegangen
wird, so enthalten die Beobachtungen doch sehr nützliche und
wertvolle Hinweise für jeden Alltag. Die Eltern verlangten von
den Kindern, Erwartungen und Bedürfnisse zu akzeptieren,
gingen aber auch auf die Wünsche und Forderungen von Kindern ein.

   Kinder, die sich wehren gegen kritisches und abwertendes
Erzieherverhalten, weil sie sich in ihrem Selbstwertgefühl verletzt fühlen, haben auch später Schwierigkeiten, einfühlendes
Verhalten zu zeigen. Diese Ergebnisse legen den Schluß nahe,
daß Einfühlen dann gelernt wird, wenn es erlebt und erwartet
wird und damit selbstverständlicher Teil des Umgangs miteinander im Alltag ist.

Im Kindergartenalltag ereignen sich häufig Situationen, in denen Kinder
Gelegenheit haben, mitzufühlen.
Esra ist von der Schaukel gestürzt, hat sich verletzt und weint. Wiliam geht
zu ihr, streichelt sie und sitzt neben ihr.
Erz.: „Das tut Esra gut, wenn du sie streichelst!"

Dennis rennt wie häufig umher und stößt den zwei Jahre jüngeren Emil
um. Dieser liegt am Boden und weint. Dennis bleibt stehen und lacht. Die
Erzieherin geht zu Emil hin und streichelt ihn am Rücken.
Erz.: „Hast du dir weh getan?"
Emil schluchzt und schüttelt den Kopf.
Erz.: „Dennis, komm mal, Emil liegt hier und weint. Bleibe einen Moment
hier sitzen, vielleicht braucht er deine Hilfe noch."
Dennis schaut ratlos: „Mir doch egal!"
Erz.: „Wenn du weinst, brauchst du auch jemand, der dich tröstet. Jetzt
braucht Emil dich zum trösten."
Dennis kommt und streichelt Emil zaghaft am Bein.

Erz.: „Das tut ihm gut, wenn du das machst … .“
Die Erzieherin ermuntert Dennis zu mitfühlendem Verhalten ohne Vorhaltungen oder als Strafe. Sie unterstützt ihn dabei, neues Verhalten auszuprobieren.

Zuhören

Zuhören ist eine Voraussetzung, um Kinder kennenzulernen und zu verstehen. Ohne Zuhören gibt es keinen echten Dialog. Zuhören drückt Anerkennung aus und nimmt das Kind ernst mit seinen Gefühlen, Gedanken und Ansichten. Wenn jemand interessiert und aufmerksam zuhört, werden Kinder ermuntert, sich zu äußern, zu entfalten, Probleme lösen zu lernen und schöpferische Ideen zu entwickeln.

In unserem Alltag kommt Zuhören oft zu kurz. Gründe dafür sind:

- der Glaube, schon zu wissen, was der/die andere sagen will,
- sich die Zeit nicht zu nehmen,
- einseitige Wahrnehmung, d. h. nur zu hören, was zu der eigenen Meinung paßt,
- mangelndes Interesse.

Eine Untersuchung über die Ängste von Kindern (8) zeigt, daß sehr viele Kinder aufgegeben haben, sich zu äußern, da sie von Erwachsenen gar nicht mehr erwarten, angehört oder gar verstanden zu werden. Hier ist ein wesentlicher Teil von Beziehung bereits verlorengegangen.

Zuhören ist eine Kunst, die sich zu pflegen lohnt.

Einfaches Zuhören und aktives Zuhören

Einfaches Zuhören lädt ein zum Reden, zeigt Interesse und Aufmerksamkeit: „Ja …?“, „Erzähl doch mal …“, „Klingt ja spannend …“, „Ich höre dir zu …“

Oft reicht das einfache Zuhören nicht aus, wenn Kinder etwas Besonderes auf dem Herzen haben, das sie mitteilen wollen, dazu braucht es aktives Zuhören.

Hier versucht die Erzieherin zu verstehen, was das Kind sagen will und empfindet. Sie faßt das, was sie hört, nochmals in eigene Worte und teilt dies dem Kind mit, nicht ihre eigene Meinung oder eine Antwort, einen Rat oder eine Frage.

Die Erzieherin versucht sich in das Kind hineinzuversetzen, etwas aus seiner Sicht zu sehen und sich einzufühlen. Ihre verständnisvolle Widerspiegelung ermuntert zum Weitersprechen und läßt Raum, sich genau auszudrücken oder etwas richtigzustellen. Aktiv zuhören bedeutet, sich einzufühlen in Freude, Trauer, Enttäuschung, Wut. Dies fällt vielen Erwachsenen nicht leicht, denn sie fürchten sich oft selbst vor diesen Empfindungen, sie so intensiv wie Kinder wahrzunehmen, haben sie doch selbst inzwischen viele Formen der Beschwichtigung erlernt.

Einfühlendes Verständnis hilft jedoch Kindern, aus dem Alleinsein herauszukommen und mit einer Bezugsperson ihr Anliegen zu besprechen. Aktiv zuhören ist ein ausgezeichneter Weg, Vertrauen zu gewinnen, als Basis für eine tragfähige Beziehung. Mit jemandem über Gefühle und Gedanken sprechen zu können, der nicht gleich wertet oder Ratschläge erteilt, sondern einfach da ist und versucht zu verstehen, wirkt erleichternd und stärkt die seelische Stabilität.

Aktiv zuhören heißt auch, sich eindenken in die Gedankenwelt von Kindern, in ihre ganz besondere eigene Logik und Sicht der Dinge. Kinder ziehen andere Schlüsse, auch aufgrund dessen, daß ihnen viele Zusammenhänge der Erwachsenen noch nicht bekannt oder vertraut sind.

Sven: „Ich kaufe mir ein Auto!“
Erz.: „Du willst ein Auto haben?“ (hört zu und spiegelt)
Sven: „Ja, dann kann ich auch nach Berlin fahren!“
Erz.: „Wenn Du ein Auto hast, kannst du nach Berlin fahren.“ (hört zu und spiegelt)
Sven: „Ja, ich schenke meiner Oma das Auto, die kann nicht laufen.“
Erz.: „Ihr willst du dein Auto schenken?“
Sven: „Ich kann sie ja fahren.“
Erz.: „Du fährst dann … .“
Sven: „Mach ich, manchmal sie … dann kann ich sie sehen.“
Erz.: „Du willst deine Oma wieder mal sehen?“
Sven: „Ja, mein Vater sagt, wenn er ein Auto hätte, könnten wir sie besuchen.“

Hier findet ein Gespräch statt, bei dem allmählich die Sehnsucht
nach der Großmutter deutlich wird, die der Junge vermißt.
Hätte die Erzieherin von Anfang an, statt den Gedanken und
Gefühlen des Kindes zu folgen, z. B. mit einer Richtigstellung
reagiert, so wäre sie nie an diese Ebene herangekommen.

Sven: „Ich kaufe mir ein Auto!“
Erz.: „Kinder können keine Autos kaufen, nur Erwachsene.“
Sven: „Warum?“
Erz.: „Es ist halt so, erst ab achtzehn Jahren.“

Hier hat Sven zwar eine korrekte Information erhalten, aber zu
seinem Wunsch, die Großmutter zu sehen, hat er sich nicht
geäußert. Vermutlich ist er auch enttäuscht, daß seine Idee nicht
in die Tat umgesetzt werden kann. Dies ist keine Gegenrede,
Kindern klare Informationen zu geben, die sie benötigen, um in
die Welt der Erwachsenen hineinzuwachsen und sich zurecht-
zufinden, sondern nur ein Hinweis auf die Reihenfolge. Durch
das aktive Zuhören kann Sven seinen Wunsch äußern, der hinter
der Aussage steht, sich ein Auto zu kaufen. Sein Bedürfnis, sein
eigentliches Anliegen wird allmählich deutlich. Dann kann der
Zeitpunkt günstig sein, ihn darin zu unterstützen und Wege zu
suchen, wie er der Erfüllung seines Wunsches näher kommt.

Erz.: „Du willst so gerne deine Oma sehen, und dafür brauchst du ein
Auto – laß uns mal überlegen, wie das gelingen kann, denn Kinder können
noch kein Auto kaufen und fahren.“
Sven: „Warum?“
Erz.: „Das ist erst ab achtzehn erlaubt … aber welche Möglichkeiten gibt es
denn?“
Sven: „Weiß nicht – U-Bahn vielleicht?“
Erz.: „Wo wohnt sie denn?“
Sven: „In Berlin, da gibt es Busse … .“
Beide überlegen zusammen, wie die Großmutter erreichbar ist.
Sven: „Ich frage mal zu Hause.“
Erz.: „Gute Idee, dann reden wir weiter … .“

Vorschnelle Informationen, Ratschläge und Hinweise von
Erwachsenen gehen häufig an den eigentlichen Bedürfnissen
von Kindern vorbei. Diese können durch aktives Zuhören erst
langsam gemeinsam herausgefunden werden – und dann ist

noch Zeit für Lösungswege. Gut gemeinte Hinweise brechen
ein Gespräch, eine Beziehung eher ab, anstatt förderlich zu wirken. Aktives und einfaches Zuhören bringt einen Dialog erst in
Gang, und die hinter den Aussagen verborgenen Mitteilungen,
Wünsche und Gefühle können sich entwickeln.

Wahrnehmen

„Sehen" und Wahrnehmen von Signalen und Mitteilungen sind
eine wichtige Voraussetzung, um auf Kinder eingehen zu können; dabei ist es sehr wichtig, trennen zu lernen zwischen Wahrnehmen von Verhaltensweisen durch Beobachten und Beschreiben (Das Kind schaut mich nicht an, wenn es mit mir spricht)
und etikettierendem Bewerten (Das Kind ist schüchtern).
Schnelles Bewerten und Urteilen sind so gegenwärtig in unserem Alltag, daß es uns oft gar nicht auffällt. Hinter den allgemeinen und meist wertenden Begriffen geht verloren, was
denn genau das Kind tut und weshalb der/die ErzieherIn zu
diesem Urteil gelangt.

Jeder stellt sich unter Begriffen etwas anderes vor. Um herauszufinden, was ein Kind bewegt, welche Gefühle, Empfindungen, Gedanken hinter seinen Verhaltensweisen stecken
könnten, ist es notwendig, genau hinzusehen. Nicht wertend,
sondern offen auf ein Kind zuzugehen, ermöglicht leichter,
Kontakt aufzunehmen, um herauszufinden, was abgesehen von
der eigenen Wahrnehmung und Vermutung in dem Kind vorgeht, was der Grund für sein Verhalten sein kann und welche
Unterstützung es braucht. Auch sogenannte Verhaltensauffälligkeiten von Kindern sind oft unbewußt sinnvolle Lösungen
einer schwierigen Situation. Genaue Verhaltensbeobachtungen
mit KollegInnen auszutauschen kann sehr hilfreich sein, um
z. B. festzustellen, ob ein Kind sich nur in bestimmten Situationen und bestimmten Personen gegenüber in einer bestimmten
Art verhält. Genauere Beschreibungen und Beobachtungen
können der Schlüssel für ein tieferes Verständnis sein.

Eine globale Beurteilung nutzt niemandem, sie kann eher
schaden, da außer der Unklarheit meist ein negativ gefärbter
Eindruck zurückbleibt – ein „Stempel".

Solche Zuschreibungen – manchmal auch gedankenlos ausgesprochen – stoßen auf wenig Gegenliebe in der Beziehung:

„Du bist lahm", „Unser kleiner Held", „Dieser Tolpatsch", „Immer unser Sonnenschein".

Gerade in Phasen, in denen Kinder ihr Selbstbild entwickeln und die Personen in ihrer Umgebung ihr „Spiegel" sind, haben Etiketten und Urteile weitreichende Konsequenzen

TeilnehmerInnen eines Seminars wählten sich als Praxisaufgabe eine intensive, genaue Verhaltensbeobachtung eines „schwierigen" Kindes und waren überrascht festzustellen, was dieses Kind an Fähigkeiten und Fertigkeiten besaß, die oft übersehen wurden. Sie konnten genau beschreiben, wo und wann die Probleme auftraten. Dies war eine gute Voraussetzung, um mit KollegInnen und eventuell mit dem Kind darüber zu sprechen. Verhalten läßt sich ändern, aber ein diffuses Etikett wieder loszuwerden, gestaltet sich ungleich schwieriger.

Spiegeln

Schon im letzten Abschnitt war die Rede davon, daß Personen der nächsten Umgebung eine Art „Spiegel"-Funktion für das kindliche Selbstbild ausüben. Spiegeln kann z.B. heißen, die Entwicklung von Kindern zu bemerken und mit Worten oder ohne Worte mitzuteilen, daß wir sie bemerken (9).

J. Jonas, 5 Jahre: „Schau mal, ich kann schon da hoch klettern!"
Erz.: „Ja, ich sehe es, du kannst es."

Um Kindern ihr Können zu bestätigen, brauchen wir Kenntnisse über Entwicklungsabläufe, damit wir sie nicht über- oder unterfordern. Sonst unterstützen wir Kinder darin, daß sie sich überschätzen lernen (was mitunter riskant sein kann, z.B. beim Klettern) oder sich zu wenig zutrauen und unterschätzen.

Bestätigungen müssen klar, direkt und auf die Situation bezogen sein, dann fällt es einem Kind am leichtesten, sie in sein Selbstbild zu integrieren. Ein Kind, das

- zu wenig Aufmerksamkeit und Bestätigung erhält,
- Mißbilligung für seine Bemühungen und Leistungen erhält,

- ungeduldig angetrieben wird („wird aber auch Zeit"),
- entmutigt („Dein Freund kann das schon lange") oder bestraft wird („Wenn Du das noch mal machst, dann ..."),

kann kein angemessenes positives Bild von sich entwickeln. Es mag sich dann bestimmte Fähigkeiten nicht zutrauen, sie heimlich entwickeln, auf jeden Fall sich jedoch schwer ein altersgemäßes Selbstbewußtsein aneignen.

Bestätigung brauchen Kinder auch für ihre Identität als Junge bzw. Mädchen. Eine Rolle spielt hier, wie die ErzieherInnen reagieren: „Du bist doch ein Mädchen, das macht so etwas nicht.", oder: „Jungen können wilder rasen.", oder wie ErzieherInnen sich verhalten, wenn Kinder Zärtlichkeiten austauschen oder raufen.

Viele Momente im Alltag drehen sich um die Geschlechterrolle, und Kinder beobachten hier sehr genau. Sie bringen ihre Erfahrungen mit den Eltern, mit ihrer Rolle in der Familie bereits mit und begegnen entsprechend den ErzieherInnen. Folgende Fragen sollen zum Nachdenken darüber anregen, wie in der Beziehung Geschlechtsrollen gespiegelt werden. Eine Diskussion der vielfältigen Probleme und Aspekte in diesem Bereich wäre ein Thema für ein eigenes Buch.

✱ Überlegungen für ErzieherInnen:

- Wie gehen wir Erzieherinnen als Frauen miteinander um?
- Gehen wir anders miteinander um, wenn es männliche Erzieher in der Einrichtung gibt?
- Wie sind die Rollen und Aufgaben verteilt?
- Reagieren wir als Erzieher und Erzieherinnen unterschiedlich auf Jungen und Mädchen?
- Welches Verhalten erwarte ich von Jungen, welches von Mädchen?

Interesse

Viele Kinder (und Jugendliche) vermissen das Interesse der wichtigsten Bezugspersonen um sie herum an ihrer Person, ihren Gefühlen und Gedanken. Sie ziehen sich schweigsam in sich zurück oder provozieren Interesse durch aggressive Handlungen.

Interesse kann sich in aktivem Nachfragen ausdrücken, nicht als Verhör („Warum hast du denn das schon wieder gemacht?"), sondern als Anteilnahme:

„Wie siehst du das?"
„Was denkst du darüber?"
„Wie findest du das?"
„Wie geht es dir damit ... ?"

Interesse bedeutet auch das Zuhören und Annehmen der Antworten – das Hineindenken und Einfühlen in die Empfindungen und Gedanken des Kindes, die völlig anders sein können als die eigenen. Festgelegte Vorstellungen, Ungeduld, zu sehr in Anspruch genommen sein von eigenen Problemen sind häufig Gründe dafür, daß Erwachsene zu wenig Interesse zeigen an dem, was Kinder beschäftigt – und damit verpassen sie oft einen wichtigen Zeitpunkt zur Gestaltung ihrer Beziehung und verlieren den Anschluß.

Mangelndes Interesse wird von Kindern häufig als Geringschätzung ihrer ganzen Person erlebt.

Um Interesse zu zeigen, bieten sich viele Anlässe am Tag: in kurzen Begegnungen, in Gesprächen oder in einem Gesprächskreis (10). Bereits Kinder im Vorschulalter sind fähig, differenzierte Aussagen über sich selbst zu machen. Interesse regt Kinder zu selbständigem Nachdenken an, in Gesprächen zwischen Kindern oder zwischen Kindern und ErzieherInnen können sie erleben, wie andere denken, fühlen und handeln, wo es Unterschiede und wo es Gemeinsamkeiten gibt. Sie lernen die Sichtweise anderer Personen kennen und lernen, daß es möglich ist, sich in andere hineinzudenken und einzufühlen, während ihre eigenen Gedanken und Gefühle gleichberechtigt daneben stehen.

Interesse zu verspüren regt an, eigene Gefühle und Gedanken wahrzunehmen und auszudrücken – und sie als ganz natürlich zu empfinden, da Interesse sie nicht bewertet.

Interesse zeigen ist eine gute Art, Kontakt aufzunehmen und zu pflegen und Kinder besser kennen und verstehen zu lernen. In Beziehungen unter Kindern (und hier ganz besonders unter Freunden und in der Zeit, in der Kinder sich von zu Hause lösen) sind das Interesse aneinander und der Austausch von Erfahrungen sehr wichtig, um den eigenen Horizont zu erweitern und andere und neue Reaktions- und Handlungsmöglichkeiten kennenzulernen. Von ihrer Entwicklung her haben Kinder schon von sich aus das Bedürfnis, sich mitzuteilen und erleben Interesse an ihren Wünschen, Gefühlen, Bedürfnissen und Meinungen als Interesse an ihrer Person, als Wertschätzung und Zuwendung. Sie werden bestärkt darin, sich zu äußern und mitzuteilen. Dort, wo Kinder sich mit ihren Sorgen und Ängsten zurückziehen, alleine bleiben damit, müssen andere Ausdrucksformen gefunden werden, z.B. Krankheiten, aggressive Ausbrüche, Essen und Bettnässen, Konsum und Passivität.

Viele Erwachsene meiden das Interesse an Kindern, denn es kann Auseinandersetzung mit Gefühlen und Gedanken bedeuten, die ihnen selbst unangenehm sind. Viele Themen, wie Tod oder Krieg, werden zum Tabu. Es kann auch sein, daß wir Erwachsenen plötzlich an einen Punkt gelangen, wo unser Wissen, unsere Meinung, deren wir gerade noch so sicher waren, gnadenlos auf dem Prüfstand stehen und wir plötzlich nach neuen Antworten suchen müssen.

„Wo ist Gott?"
„Warum kommt der Mond nur nachts?"
„Warum darf ich die Bonbons nicht nehmen, wenn sie so da rumliegen?"
„Warum hat der Mann nur ein Bein?"
„Wie kommt meine Seele in deinen Bauch?"
„Warum gibt es Krieg?"

Das Kind interessiert sich für alles, was es nicht erklären kann – und es braucht unser Interesse an seiner Neugier, sonst kommt auch kein Gespräch zustande. Interesse ist wie an eine Tür zu klopfen und geduldig zu warten, ob und wann sie geöffnet wird.

Lena trifft die Erzieherin auf dem Flur: „Du, ich habe zu Hause eine Schnecke im Glas …"

Erz.: „Igit, so was faßt du an?"

Ende des Kontaktes oder …

Erz.: „Oh, wo hast du die denn her?"

Lena: „Gestern, da hat es geregnet und da sind wir zu so Leuten gefahren, im Garten waren viele Schnecken."

Erz.: „Fütterst du die auch?"

Lena: „Die kriegt viele Blätter und macht auch Kacke."

Jens kommt dazu: „Zeig mal."

Lena: „Die sind zu Hause …"

Jens: „Die will ich sehen …"

Die Erzieherin zeigt Interesse, der kleine Freund auch. Informationen werden ausgetauscht: „Die ist ganz schnell und klebrig", oder „Ich muß sie immer wieder naß machen". Empfindungen werden mitgeteilt: „Die ist so schön weich und kitzelt – hast du auch welche?"

„Ich habe nur ein leeres Schneckenhaus, die war schon tot … der Hase ist auch tot, gestern habe ich den gesehen."

Abschweifen vom Thema ist kein Problem, dann wechselt das Interesse, aber die Begegnung ist lebendig und die Beziehung bleibt.

Manchmal können Kinder mit ihren Fragen auch sehr hartnäckig sein, besonders wenn sie die Situation, daß sich ein Erwachsener mit ihnen aufmerksam beschäftigt, brauchen und auskosten wollen.

Judit: „Warum redet der Gregor so komisch?"

Erz.: „Weil er unsere Sprache gerade lernt."

Judit: „Warum lernt er die?"

Erz.: „Weil er aus einem anderen Land kommt."

Judit: „Warum kommt er daher?"

Erz.: „Weil seine Eltern hierher gezogen sind."

Judit: „Warum sind die hierher gezogen?"

Erz.: „Das weiß ich auch nicht so genau."

… bis:

Erz.: „… und jetzt hab' ich gerade keine Lust mehr, weiter Fragen zu beantworten. Nächstes Mal wieder. Ich brauche jetzt eine Fragepause."

Die Erzieherin setzt eine Grenze, ohne das Kind abzuwerten oder abzuweisen. Daß jemandem mal die Lust (zu antworten) ausgeht, können Kinder durchaus gut verstehen, denn das paßt in ihre eigene Erlebniswelt, was nicht immer heißt, daß es ihnen auch leicht fällt, das zu akzeptieren.

Klären

Ein verbreitetes Mißverständnis zwischen Menschen, die glauben, sich gut zu kennen – oder auch im Umgang mit Kindern – ist, genau zu wissen, was der andere meint.

Ganz kleine Kinder zu verstehen (z. B. ihr Schreien) um ihre Mitteilungen zu entschlüsseln, erfordert Einfühlungsvermögen, aber wenn sie sich in Worten ausdrücken können und ihre Gedanken- und Erlebniswelt sich unglaublich schnell erweitert, wird es noch schwieriger, zu erraten, was sie meinen.

Einwortsätze wie „Saft!" entschlüsselt die Mutter beispielsweise, indem sie die Worte in einen Satz faßt: „Lea will Saft." An der Reaktion des Kindes ist ablesbar, ob es sich verstanden fühlt oder nicht; auch erfährt es auf diese Art, wie der Wunsch in einem Satz formuliert ist. Kleine Kinder verstehen zu können, erfordert meistens, ihren Lebenszusammenhang gut zu kennen. So kann eine nahestehende Person „Nina weg …" sofort deuten als: Eva sucht ihre Katze Nina.

Wenn die Kinder in eine Vorschuleinrichtung kommen und sich in einfachen Sätzen ausdrücken können und die Erzieherin ihre alltägliche Erlebniswelt und ihren Hintergrund nur wenig kennt, wird es sehr wichtig, nachzufragen, zu klären, was das Kind meint. Dies hat wiederum viel mit Interesse zu tun, mit dem Kind ins Gespräch zu kommen, seine Gedanken und Gefühle kennenzulernen.

Sören: „Das tut weh!"
Erz.: „Macht nichts, vergeht wieder …."

Trösten, ohne zu klären, was das Kind meint, beendet den Kontakt. Fraglich ist, ob sich das Kind verstanden und angenommen fühlt. Ein Gespräch findet nicht statt.

Sören: „Das tut weh!"
Erz.: „Was tut denn weh?" (klären)
Sören: „Da, mein Ohr."
Erz.: „Zeig mal dein Ohr, wo tut es weh?"

Sören: „Hier!" (eine gerötete Stelle durch einen Insektenstich)
Erz.: „Komm, ich hab' da was, das hilft."
oder
Julian: „Das will ich aber nicht." (kurz vor dem Zähneputzen)
Erzieherin meint zu wissen, was das Kind will und antwortet:
„Das muß aber sein, wir haben doch darüber gesprochen, wie wichtig
Zähneputzen ist …"
Julian: „Ich will nicht, daß der Jens meine Zahnbürste nimmt."

Dem Jungen ging es gar nicht darum, daß er die Zähne nicht
putzen will, wie ihm die Erzieherin vorschnell unterstellt. Er
will nur seine Zahnbürste allein benutzen und klärt das selbst,
was nicht oft passiert. Aus solchen Mißverständnissen erwachsen häufig Beziehungsabbrüche seitens der Kinder.

Die Nachfrage: „Was willst du nicht?" hätte das Kind einge-
laden, sich noch genauer mitzuteilen.

Nachfragen und Klären
• zeigen dem Kind Interesse und Bereitschaft zum Verständnis,
  bedeuten also eine wichtige positive Zuwendung,
• ermuntern, Gedanken, Gefühle und Meinungen auszudrücken,
• unterstützen dabei, manches auch für sich selbst zu klären
  oder deutlicher werden zu lassen,
• regen zum Nachdenken an,
• öffnen die Tür für einen Dialog, für ein Gespräch.

Zu wissen, was andere meinen und denken, ohne daß sie es auch
genau so ausdrücken, ist eine Tätigkeit für Hellseher.

Mike: „Ich nehme mein Boot mit zum Ausflug!"
Erz.: „Da darf man nicht Boot fahren; das bleibt hier!" (eine Information
und ein Befehl, aber auch das Ende des Gesprächs)
oder
Erz.: „Was willst Du mit dem Boot, dort ist Boot fahren nicht erlaubt?"
Mike: „Ich will Kaulquappen und kleine Fische fangen und dann das Boot
mit Wasser füllen; dann kann ich sie sehen."
Erz.: „Du willst Tiere beobachten?"
Mike: „Ja, in den Ferien, da gab es viele Kaulquappen…", und er erzählt
weiter.

Mitteilungen

Nach den bisherigen Ausführungen könnte der Eindruck entstehen, eine gute Erzieherin ist eine Person, die stets einfühlsam
für Kinder sorgt und auf sie eingeht – ohne Rücksicht auf eigene
Gefühle und Belange. Eine solche Sicht wäre unrealistisch und
fremd. Auch wenn in sozialen Berufen durchaus der Anspruch
verbreitet ist, vorwiegend geben und sorgen zu müssen, so ist
mittlerweile bekannt, daß diese Einstellung auf Dauer zu Ärger,
Frust, Enttäuschung und Unlust am Beruf führt, zum „Ausbrennen".

   Die ErzieherInnen bringen ihre eigene Lebensgeschichte und
ihre Lebensbedingungen mit. Sie haben ein Recht auf ihre
Gefühle, Bedürfnisse und Interessen, denn Kinder können auch
nerven, laut, anspruchsvoll, rücksichtslos und ungeduldig sein.
Kinder brauchen Rückmeldung über ihre Wirkung, aber hier
gibt es wesentliche Unterschiede in der Art, das Anliegen mitzuteilen. Zunächst einmal gibt es mindestens drei Möglichkeiten für die Erzieherin, mit ihren Anliegen umzugehen (Gordon,
1972). Sie kann:

1. die äußeren Bedingungen verändern,
   (z.B. Die Erzieherin ist mit einer Ordnungstätigkeit beschäftigt, und die Kinder wollen etwas von ihr. Sie kann aus dem
   Raum gehen, oder sie kann die Kinder hinausschicken … .)
2. sich anpassen,
   (Die Erzieherin kann ihre Tätigkeit abbrechen und verschie-
   ben.)
3. sich mit den Kindern auseinandersetzen.

Am wirkungsvollsten sind hier *Ich-Botschaften*. Sie vermeiden,
das Selbstwertgefühl der Kinder anzugreifen, und ermöglichen
ihnen, das Gesicht zu wahren. Ein Gefühl, ein Anliegen auch als
solches mitzuteilen setzt voraus, diese Empfindung bei sich
selbst wahrzunehmen und sie sich zuzugestehen. („Mir liegt
jetzt sehr viel daran, das hier in Ordnung zu bringen.") Für
viele Personen bedeutet es ein Risiko, sich offen persönlich mitzuteilen, aus Angst, angegriffen oder verletzt zu werden. Ich-
Botschaften erfordern Mut, zu dem eigenen Wunsch zu stehen.

Die Erfahrung zeigt jedoch, daß Ich-Aussagen Kinder und
andere Personen einladen, sich ebenfalls direkt und offen mitzuteilen und so Vertrauensbeziehungen erst überhaupt wachsen
können. Ich-Aussagen sind weder egoistisch noch verletzen sie
andere, sondern sie trauen den Kindern z. B. Verständnis zu und
geben ein gutes Beispiel. Eine Beziehung, in der jeder sich mitteilen kann und eine entsprechende Antwort erhält, ist vertrauensvoll und tragfähig, im Gegensatz zu den gegenseitigen
Beschimpfungen und Beschuldigungen, die weit verbreitet sind.

Die Erzieherin ordnet ein Spiel, zwei Kinder ziehen sie am Arm: „Los,
komm mal schnell!"
Die Erz.: „Ich will das jetzt hier noch fertig machen, das ist mir wichtig."
Kinder: „Wie lange noch?"
Erz.: „In fünf Minuten komme ich zu euch."

Die Kinder erfahren, daß die Tätigkeit für die Erzieherin wichtig ist und daß sie anschließend kommt, d. h. ihre Bedürfnisse
sind wahrgenommen, sie haben die Chance, dieser Information
zu vertrauen.
oder:

Erz: „Ihr stört, könnt ihr euch nicht mal fünf Minuten alleine beschäftigen,
ich muß immer hinter euch herlaufen … ."

Diese Reaktion greift das Selbstwertgefühl der Kinder an, und
diese reagieren mit Sicherheit auf den Angriff und nicht auf das
Anliegen, denn sie fühlen sich ungerecht behandelt, ungeliebt
und abgewiesen.

✳ Überlegungen für ErzieherInnen:

• Was tun Sie, wenn Ihnen jemand befiehlt, Sie ermahnt oder
  etwas zwingend rät („Sie sollten jetzt sofort mit dieser Tätig-
  keit aufhören; das gehört nicht hierher … .")?
• Wie fühlen Sie sich bei dieser Äußerung?
• Wie würden Sie gerne reagieren?
• Kennen Sie Personen, die in dieser Art mit Ihnen sprechen?
• Was empfinden Sie in dieser Beziehung?

Auch Kinder wehren sich gegen Urteile und Beschimpfungen
genauso wie gegen Belehrungen, wenn sie auf diesem Weg zur

Anpassung gezwungen werden sollen und den Eindruck haben,
eigene Entscheidungen werden ihnen nicht zugetraut. Diese Art
der Mitteilung ist ineffektiv, das Anliegen geht verloren über
der Auseinandersetzung und der Bemühung, das Gesicht zu
wahren oder rechtzubehalten; außerdem kostet es sehr viel
Zeit.

Kinder brauchen Rückmeldung über ihr Verhalten, das ihnen
die Chance einräumt, sich zu verändern.

Erz.: „Oh, das tut sehr weh, wenn du mich stößt."
statt
Erz.: „Du Tolpatsch, kannst du nicht aufpassen?"

Letzteres ist eine Zuschreibung, aus der das Kind schwer wieder
herausfinden kann.

Eine klare, offene Ich-Mitteilung erhöht die Chance, gehört
zu werden, auch wenn es noch keine Garantie dafür gibt, denn
Kinder müssen erst lernen, sich darauf einzustellen, sind sie
doch oft eine andere Art des Umgangs gewöhnt.

Erz.: „Ich habe gesagt, daß mir das wehtut, weil ich mich hier am Arm
verletzt habe."
Till: „Tschuldigung – wollt' ich nicht."

Der Umgang mit Kindern im Alltag löst vielfältige Empfindungen aus, die mit der eigenen Lebensgeschichte und der eigenen
erlebten Erziehung zusammenhängen. Was wir mögen an Kindern oder was uns stört, hat oft mit uns persönlich zu tun.

✳ Überlegungen für ErzieherInnen:

• Akzeptiere ich dieses Verhalten bei mir oder lehne ich es ab?
• Möchte ich gerne so sein oder gerade nicht?
• War mir das als Kind erlaubt oder verboten (z. B. laut zu
  schreien, anhänglich zu sein …)?

Jede/r ErzieherIn reagiert mit Sicherheit anders. Sich diese
Einstellungen und Empfindungen zuzugestehen ist jedoch
ebenso wichtig wie die Möglichkeit, im Gespräch mit KollegInnen oder mit einer anderen Vertrauensperson darüber
nachzudenken und sich mitzuteilen. Gerade bei Abneigungen

gegenüber einem Kind empfanden ErzieherInnen eine solche Aussprache erleichternd. Sie ermöglicht Abstand und neue Sichtweisen – ein besserer Weg, als die Gefühle zu „schluk-ken" oder sie direkt oder indirekt bei dem Kind „abzuladen".

Erzieherin: „Im Gespräch ist mir erst so richtig klar geworden, daß ich mit der Ängstlichkeit von Maja nicht umgehen kann und sie in dem Moment innerlich ablehne, weil ich das an mir auch nicht akzeptiere – ich glaube, ich bin manchmal auch so – früher war ich das noch mehr –, und ich kann das nicht leiden an mir."

Diese Erkenntnis half ihr, ihre Eigenschaften und die Probleme damit zu trennen von dem Verhalten des Kindes und annehmender auf dieses zu reagieren.

Oder:

Einige Erzieherinnen sprachen über ein Kind, das bei ihnen durch sein Verhalten Ablehnung hervorrief, und listeten Verhaltensweisen und Eigenschaften dieses Jungen auf, die sie an ihm gut fanden.

Bei auffallenden, störenden oder provozierenden Verhaltensweisen rücken diese oft sehr stark in den Vordergrund der gesamten Aufmerksamkeit, so daß andere Seiten leicht übersehen und somit auch nicht mehr durch Beachtung gefördert werden.

Begleiten

Kinder brauchen Begleiter, d. h. Personen, die sie ermuntern, unterstützen und Anteil nehmen, ihnen Informationen und Anleitungen geben.

Erz.: „Ja, du kannst das; nimm die Schere so zwischen die Finger und schneide den Rand ab."

Begleiten heißt, die Rolle als verantwortlicher Erwachsener einzunehmen, der Kinder einlädt und anleitet, Erfahrungen zu gewinnen, ohne sie abzuwerten. Vielen Kindern fehlt eine Begleitung dieser Art im Alltag. Sie lernen zu wenig, können zu wenig ausprobieren, und so sind ihre Handlungsvielfalt und ihr Erfahrungshorizont nur unzureichend ausgestattet. Kritik z. B.

ist keine Begleitung. Auf Fehler hinweisen, mit anderen vergleichen, allgemeine Urteile abgeben („Du bist unmusikalisch")
oder beschimpfen („Du Dussel ...") greift das Selbstvertrauen
an, entmutigt und beschämt Kinder, ohne ihnen klare Erwartungen mitzuteilen oder gar Wege zu zeigen, ein Ziel zu erreichen. Sie werden abgewertet und allein gelassen. Ausdruck solcher Erfahrungen sind Verhaltensweisen, die als auffällig bezeichnet werden, bei denen das Miteinander sowohl von Kindern als auch von ErzieherInnen als unbefriedigend erlebt
wird.

Begleiten heißt auch, sich auf die Fähigkeiten und Möglichkeiten eines Kindes einzustellen, um es weder zu über- noch
zu unterfordern.

Erz.: „Komm, ich mach' das für dich, das kannst du noch nicht!"

Dies klingt scheinbar liebevoll, wertet jedoch auch das Kind ab,
entmutigt es und lädt es ein, eher eine hilflose Haltung zu entwickeln und andere handeln zu lassen, die es ja besser können.

Der Unterschied wird in einer kleinen alten Geschichte deutlich: Zwei gute Menschen wetteifern. Der eine sagt: „Ich habe
jemanden vor dem Verhungern gerettet, indem ich ihm einen
Fisch gefangen und ihn damit genährt habe." Der andere sagt:
„Ich habe auch jemanden gerettet, ich lehrte ihn seinerzeit, wie
man Fische fängt."

Wenn eine erwachsene Person:

*   Kindern Wahlmöglichkeiten anbietet,
*   ihnen Konsequenzen mitteilt,
*   Gefahrenmomente aus dem Weg räumt oder auf sie hinweist,
*   eigene Werte und Ansichten vertritt,
*   bestimmte Erwartungen formuliert,
*   Ziele und Rahmenbedingungen festsetzt,
*   Vereinbarungen aushandelt,

spielt immer auch der Ton eine große Rolle.

„Halte dich fest!", in befehlendem oder ängstlichem Ton gesprochen, klingt und wirkt anders als in freundlich-sachlichem
Ton, wenn es beispielsweise darum geht, ein Kind beim Über-

queren einer Spielhängebrücke zu begleiten. Begleiten heißt, dem Kind eine Struktur zu geben, an der es sich orientieren kann und es gleichzeitig in seinen Möglichkeiten und Fähigkeiten zu achten. Eine Untersuchung von sozial engagierten, erfolgreichen Studenten zeigte, daß diese eine positive Beziehung zu ihren Eltern hatten, die ihre Eigenständigkeit förderten, ohne alles zu erlauben. Die Eltern vertraten ihre Vorstellungen gegenüber den Kindern, respektierten deren Meinung und einigten sich einvernehmlich mit diesen (11). Kinder dagegen, die mit Angst vor Kritik, vor Strafe und Kontrolle erzogen wurden, lehnten die Ansichten der Eltern ab und hatten wesentlich mehr Orientierungsschwierigkeiten im Leben.

Eine liebevolle, freundliche Begleitung, die informiert, wie ein Problem angegangen werden kann, wird im Gedächtnis gespeichert. Solche Beziehungen zu Erwachsenen werden zu Modellen der eigenen inneren Handlungsbegleitung, d. h. auf diese Erfahrungen baut die eigene „innere Stimme" auf, mit der wir uns im Alltag später selbst begleiten. Viele Ängste und Unsicherheiten von Erwachsenen beruhen darauf, daß ihnen diese hilfreichen, selbstbegleitenden, inneren Gespräche fehlen.

✴ Überlegungen für ErzieherInnen:

- Was sagen Sie zu sich in bestimmten Situationen?
  Erz.: „Das schaffe ich nie!"
  Erz.: „Damit kann ich einfach nicht umgehen, ich weiß nicht, was ich sagen soll."
  Erz.: „Das wird schon gehen."

- Haben Sie manchmal den Wunsch nach einem „inneren Freund/innerer Freundin", die sagt:
  „Ganz langsam, das kriegst du schon hin!"
  „Bisher hast du das ganz gut gemacht – nur weiter so."
  „Achte auf …, dann klappt es, du wirst schon sehen!"

- Beobachten Sie einen Tag lang aufmerksam, was Sie zu sich selbst sagen.

- Haben Sie solche hilfreichen Sätze und Anweisungen im Kopf, die Sie im Alltag begleiten, oder sind die kritischen Anmerkungen vorherrschend?
  „Jetzt stell' dich nicht so an."
  „Du bist halt blöd. Heute kriegst du mal wieder gar nichts zustande … ."

Sich positive innere Selbstgespräche anzueignen, braucht
Übung wie Fahrradfahren oder Englischlernen.

• Schreiben Sie drei unterstützende Sätze auf (auch Umformu-
   lierungen von Kritik, aber keine „nicht"-Formulierungen):

   z. B. „Ich kann Dinge in Ruhe tun!" (statt: Ich muß mich nicht beeilen.)
   oder „Ich darf auch Fehler machen – niemand ist perfekt!"

Heften Sie den Zettel an einen Platz, den Sie täglich mehrmals
im Blickfeld haben – oder stecken Sie ihn in die Tasche.

✳ Für Kinder:

Die Erzieherin sitzt mit einigen Kindern zusammen und fragt
diese, was sie denn gerne mal hören möchten.

Oliver: „… daß ich gut schaukeln kann."
Esther: „Ich kann bauen!"
Stefan leise: „Ich bin nicht blöd."
(Oder positiv formuliert: „Stefan ist klug und hat gute Ideen.")

Die Erzieherin schreibt sich die Sätze auf, danach kommt jedes
Kind an die Reihe und hört dreimal „seinen" Satz.
    Zuerst sagt ihn die Erzieherin vor, und zweimal sagen ihn alle
Kinder. Auch die Grundbotschaften vom nächsten Abschnitt
eignen sich gut hierfür.
    Beachten wir die Bedeutung des Einflusses, den handlungs-
begleitende Selbstgespräche haben, so wird deutlich, wie wichtig es ist, für die Kinder eine Begleiterin zu sein, die sie mit in
ihr weiteres Leben nehmen kann.
    Ihre Begleitung ist ein Geschenk, in dem die Beziehung
weiterlebt, auch wenn sich die Personen aus den Augen verlieren.

Pia: „Meine Erzieherin hat immer gesagt, wenn du das so machst, kann es
nicht schiefgehen – und daran denke ich oft …"

Botschaften

Botschaften und Aussagen der wichtigsten Erwachsenen, und
dazu gehören auch die ErzieherInnen, sind die Bausteine, aus
denen die Kinder ihr Selbstbild bauen. Im täglichen Umgang

mit dem Kind geben die Bezugspersonen „Erlaubnisse" zu wachsen und sich zu entwickeln. Werden diese notwendigen Botschaften nicht oder nur in negativer Form gegeben, so wirken sie sich wie Verbote aus. Die Botschaften können in Worten oder nonverbal gegeben oder nach dem Vorbild gelernt werden. Welche Botschaften ein Kind wie aufnimmt, um daraus sein ganz persönliches „Lebensdrehbuch" zu entwickeln, hängt von seiner Person, den Personen seiner Umgebung, seinen Lebensbedingungen und vielen anderen Faktoren ab. Fest steht, daß in diesem Lebensdrehbuch nicht nur das Bild von sich und anderen Menschen festgeschrieben wird, sondern auch die meisten Denk-, Wahrnehmungs-, Fühl- und Handlungsmöglichkeiten für später. Bestimmte Botschaften hängen eng mit der Befriedigung der beschriebenen Grundbedürfnisse zusammen.

Im folgenden sollen die wichtigsten und hilfreichsten Grundbotschaften aufgelistet werden, die ein Kind in seiner seelisch gesunden Entwicklung unterstützen und fördern, mit Beispielen, wie sie im Erzieheralltag gegeben werden können (12). Das Wissen über Zusammenhänge von Botschaften und dem Selbstverständnis von Kindern kann es erleichtern, ihre Reaktionen und Verhaltensweisen zu verstehen.

1. Schön, daß du da bist, daß es dich gibt

Diese Botschaft ist wichtig für eine sichere Bindung. Sie gibt Zuwendung ohne Bedingungen:

„Hallo, schön, daß du kommst!"
„Ich freue mich, daß es dich gibt."

Herzliche Begrüßung, Beachtung der Person, Geburtstagsfeiern, Ansprechen mit dem Namen, unterstützen diese Botschaft. Die negative Version könnte sein:

„Ach, die schon wieder."
„Wenn der nicht hier wäre, wäre es viel friedlicher."

Mögliche Reaktionen der Kinder, denen es an dieser Erlaubnis mangelt: z. B. still und zurückgezogen, wie gar nicht vorhanden, oder laut und störend, um Beachtung zu finden, oder besonders hilfreich und bemüht, ihrer Existenz Berechtigung zu verleihen.

2. Du bist wichtig

Diese Botschaft ist wichtig für das Grundbedürfnis nach Beachtung und Wertschätzung. Unterstützt wird sie durch jede Art
der Beachtung des Kindes, z.B. durch Begrüßung mit Namen,
kleine Aufgaben und Betätigungen, die zum Gemeinschafts-
leben beitragen und gewürdigt werden, Berührungen, Augen-
kontakt usw. Die negative Version wäre:

Ein Kind übersehen. „Hab jetzt keine Zeit", „Ich habe wichtigeres zu tun,
als mich jetzt hier neben dich zu setzen", „Stell dich nicht so an".

Große Gruppen sind hier für Kinder problematisch. Sie sind ein
Beispiel dafür, wie äußere Bedingungen dazu beitragen, daß
Kinder bestimmte Gefühle und Einstellungen entwickeln, unabhängig davon, wie sehr sich die ErzieherInnen bemühen; z.B.
das Kind schaut sich in einer Gruppe von 25 Kindern um, 10
drängeln sich um die Erzieherin, und es gibt auf: „Hier komme
ich nicht mehr dran, die anderen sind wichtiger ..."
    Mögliche Reaktion von Kindern ohne diese „Erlaubnis": Sie
wagen kaum, die eigenen Bedürfnisse zu äußern oder stören
und fallen auf, um wenigstens negative Beachtung zu erlangen.

3. Du darfst du selbst sein

Du bist als Person liebenswert.
    Diese Botschaft gehört zu dem Grundbedürfnis nach Wert-
schätzung und nach Selbstverwirklichung, denn „der Mensch hat
die Sehnsucht, um seiner selbst willen geliebt zu werden" (13).
Die meisten der nachfolgenden „Erlaubnisse" gehören dazu, da
es hier um die eigene Identität des Kindes allgemein geht.
    Unterstützend wirken partnerschaftliche Kommunikation,
die das Kind in seinen Eigenheiten, Fähigkeiten, Gefühlen und
Gedanken achtet. Die Gefühle (und damit die Person des Kindes) zu respektieren heißt nicht, alle Verhaltensweisen zu billi-
gen, zum Beispiel:

„Ich verstehe, daß du wütend bist – trotzdem will ich nicht, daß du
schlägst ..."

Die negative Version umfaßt alle Zuschreibungen und Urteile:

„Du bist so schusselig." „Wenn Du nur ein wenig schneller wärst."
„Schau mal Jan an, und nimm dir ein Beispiel, was der kann."

Eine mögliche Reaktion der Kinder wäre:

„Ich müßte eigentlich ganz anders sein, damit mich jemand mag …"

4. Du darfst deine Empfindungen, du darfst deine Bedürfnisse haben

Diese „Erlaubnis" wird z. B. durch liebevolles Eingehen auf die Grundbedürfnisse nach Essen, Trinken, Schlafen und Gehalten-Werden gegeben. Indem die wichtigsten Bezugspersonen die Signale verstehen und entsprechend reagieren, können Kinder lernen, ihre Bedürfnisse wahrzunehmen und Wege zu finden, sie erfüllt zu bekommen oder auch mit der Zeit für sich selbst sorgen zu lernen.

„Was willst du?"
„Was brauchst du jetzt?"
„Wo spürst du das?"
statt
„Stell dich nicht so an."
„Das tut doch nicht weh." (obwohl das Knie blutet);
„Es kann gar nicht sein, daß du jetzt schon wieder Hunger hast, du bist nur müde." (Ausreden einer Empfindung).

Mögliche Reaktionen: Kinder entfremden sich von ihren Empfindungen. Sie erleben Mangel, mißtrauen ihrer eigenen Wahrnehmung, Krankheitssymptome können übergangen werden: „Ein Indianer kennt keinen Schmerz." Manche Kinder wissen nicht, was sie brauchen. Sie essen z. B., wenn ihnen langweilig ist oder wenn sie müde sind, oder sie brauchen sehr starke Reize, um sich zu spüren.

5. Du darfst deine Gefühle haben

Kinder drücken ihre Gefühle (z. B. Wut, Trauer, Angst, Freude) spontan aus. Vielen Erwachsenen fällt es schwer, diese Gefühle anzunehmen und sich einzufühlen (siehe: Grundbedürfnis nach einfühlendem Verständnis).

Juli: „Ihr seid alle doof – ich spiele nicht mehr mit!"
Erz: „Dir stinkt's, und du hast keine Lust mehr mitzuspielen."
oder
„Erzähl mal …", sich Zeit zum Zuhören nehmen.

Einfach dasein, wenn ein Kind traurig ist, mit ihm sprechen und die Möglichkeit geben, Gefühle auszutauschen. [s. Gesprächskreis, (10)]

Negative Version: „Trösten" in der Art, Kindern die Gefühle auszureden: „Das ist doch gar nicht so schlimm." „Reiß Dich mal zusammen."

Warnen vor guten Gefühlen: „Freu dich nicht zu früh" oder ablehnen von Gefühlen: „Stell Dich nicht so an."

Ein Kind kann lernen, mit seinen Gefühlen umzugehen, wenn Erwachsene es dabei unterstützen. Bleibt es alleine mit ihnen oder muß es sie unterdrücken, kann es zu inneren Konflikten, Konzentrationsstörungen, depressiven und psychosomatischen Reaktionen kommen.

6. Du darfst deinen eigenen Willen haben

Es ist noch nicht lange her, daß der Pädagoge D. G. Schreber propagierte, zur Erziehung müßte man einem Kind den Willen brechen; unter dieser Ansicht mußten viele Kinder leiden.

Seinen eigenen Willen haben heißt nicht, ihn auch immer auszuleben. Viele sogenannte Trotzkonflikte entstehen daraus, daß sowohl die Erzieherin als auch das Kind ihren Willen durchsetzen wollen. Hier gilt es, Konfliktlösungen zu finden, die dem Kind nicht den Willen an sich verbieten, sondern ihn anerkennen und abwägen, ob und wie das Anliegen umsetzbar ist und wo Grenzen liegen. Ignorieren des Willens kann sich auswirken wie die Botschaft: „Tu nichts!", ein Verbot von Eigeninitiative und Selbständigkeit. Ein Kind, das das Gefühl dafür verliert, was es will, kann Schwierigkeiten bekommen, sich zu orientieren und zu entscheiden.

7. Du darfst denken

Fragen und Meinungen des Kindes ernstnehmen, seine Neugier bestärken und es zum Lernen und Ausprobieren ermuntern, fördern seinen Spaß am selbständigen Denken.

Negative Version: „Frag nicht so viel!" oder „Das kannst du noch nicht!" – Schnell Problemlösungen anbieten, weil Erwachsene es besser können.

Hier wäre interessant zu erforschen, welchen Einfluß diese Botschaften auf spätere Gefühle von Hilf- und Ratlosigkeit in Problemsituationen (z.B. bei Klassenarbeiten, Prüfungen) haben.

8. Du darfst ein Kind sein

Kinder brauchen altersgemäße Möglichkeiten zur Befriedigung ihrer Grundbedürfnisse, besonders auch für Spiel und Spaß. Sie brauchen Anregungen, die sie weder über- noch unterfordern. Kinder, die zu sehr mit Problemen des Erwachsenenalltags belastet werden und großen Leistungsansprüchen ausgesetzt sind, müssen zu schnell erwachsen werden. Sie haben große Probleme, ausgelassen zu spielen, einfach mal Quatsch zu machen.

9. Du darfst so alt sein, wie du bist

Kindern altersgemäße Fähigkeiten zuzutrauen, sie wiederum weder zu über- noch zu unterfordern, setzt voraus, etwas über die Bedürfnisse und Entwicklung von Kindern zu wissen. Manche Kinder erleben Wechselbäder von Behüten („Du bist ja noch klein") bis hin zu großen Erwartungen („Sei vernünftig!") und geraten in Schwierigkeiten, sich diesen sehr unterschiedlichen Erwartungen anzupassen.

10. Du kannst dich trauen, du darfst erfolgreich sein

Kinder brauchen Ermunterung zu lernen, Interesse an ihren Fortschritten und Anerkennung, auch wenn ihre Leistungen nicht perfekten Erwachsenenmaßstäben entsprechen. „Du schaffst das schon", „du kannst das lernen" statt „schon ganz gut, aber ..."

Hier kann sich entscheiden, ob Kinder lernen, sich etwas zuzutrauen, oder ob sie eher an eine Aufgabe herangehen mit der Angst, es nicht zu schaffen.

11. Du darfst anderen nahe sein

Zärtlichkeit und Körperkontakt brauchen Kinder, um sich geliebt zu fühlen. Haben die Erwachsenen Schwierigkeiten damit, fehlt dem Kind etwas, und es wird sich eher zurückziehen (siehe

Grundbedürfnis nach seelischer und körperlicher Wertschätzung). Diese „Erlaubnis" wird oft ohne Worte gegeben – durch freundliches Anfassen, Anlächeln, miteinander Spielen, Toben, Raufen usw.

Negative Version: Sich abwenden, abweisend reagieren, „Sei kein Mamakind".

12. Du bist ein Junge/Mädchen

Kinder in ihrer Geschlechtsidentität anzuerkennen, ist seltener ein Problem von ErzieherInnen, eher von Eltern, die sich z.B. einen Jungen gewünscht haben und ein Mädchen wurde geboren oder umgekehrt. Dennoch gibt es im Kindergarten immer wieder Situationen, in denen Kindern ihre Identität bestätigt werden kann, ohne sie aber in festgelegte Rollen zu pressen.

Jenny: „Ich bin ein Mädchen."
Erz.: „Ja, Du bist ein Mädchen."
Jenny: „Später werde ich eine Frau."

Auch Gespräche über Junge-sein, Mädchen-sein greifen dieses Thema auf und regen Kinder an, sich damit auseinanderzusetzen. Kinder entwickeln schon sehr früh Ansichten darüber, wie es ist, ein Junge oder ein Mädchen zu sein.

Anna: „Jungs sind immer so wild und die dürfen auch sehr viel mehr …"

13. Du darfst gesund sein

Gesundheitsbewußtsein erwerben Kinder durch das Vorbild von Erwachsenen und über Gespräche wie: sich pflegen, gesund essen, krank sein und heilen, Lesen von Büchern über Krankheit und wieder gesund werden, Besuche beim Zahnarzt usw..

Problematisch ist in diesem Zusammenhang, wenn ein Kind besondere Zuwendung hauptsächlich dann erfährt, wenn es krank ist oder sich verletzt.

14. Du gehörst dazu

In vielen Einrichtungen, in denen Kinder unterschiedlicher Nationalität und Konfession zusammen sind, spielt diese „Erlaubnis" eine große Rolle, aber auch dann, wenn Kinder sich durch besondere Verhaltensweisen oder Körpermerkmale von

der Mehrheit unterscheiden. Wichtig ist hier, Wege zu suchen,
Kinder mit einzubeziehen, sie einzuladen, teilzunehmen.

„Du gehörst zu uns", „Du kannst mitmachen".

Gespräche mit Kindern, z.B. im Gesprächskreis über ihre
Unterschiedlichkeit, fördern Toleranz und Verständnis. Erfah-
rungen mit diesem Themenbereich liegen aus den integrativen
Einrichtungen vor.

Viele aktuelle Situationen im Kindergarten bieten sich ebenfalls als Gesprächsthemen an.

Am Tor eines Kindergartens geht täglich ein Mann auf Stöcken vorbei. Er
hat nur ein Bein. Die Kinder schauen ihm interessiert zu. Eines Tages fragt
ihn Lisa: „Warum hast du nur ein Bein?"
Der Mann antwortet: „Ich habe es im Krieg verloren ... es ist gut, daß du
mich fragst." Ab diesem Zeitpunkt unterhalten sich die Kinder und der
Mann öfter miteinander.
„Was heißt im Krieg verloren?" fragt Lisa ihre Erzieherin.
Kinder stellen unbequeme Fragen oft dort, wo Erwachsene am liebsten
diskret wegschauen.

Wie ein Kind diese Botschaften im einzelnen aufnimmt und in
sein Selbstbild einbaut, hängt ab von der Häufigkeit und
Intensität, in der es sie wahrnimmt und von den „Entscheidungen", die es dabei trifft. Es kann negative Botschaften zurückweisen und nicht glauben, oder es glaubt den entgegengesetzt
positiven (z.B. der Erzieherin) mehr. Es kann Äußerungen
mißverstehen und mißdeuten. Die Beschäftigung mit den hier
zusammengestellten Botschaften kann nutzen, Kinder und ihre
Reaktionen besser zu verstehen, z.B. welches Selbstbild sich
hinter bestimmten Verhaltensweisen verbergen kann. Die Beispiele sind als Anregungen gedacht, sich über die wichtige
Bedeutung hilfreicher, die Entwicklung eines positiven
Selbstbildes förderlicher Botschaften bewußt zu sein – für sich
und für die Kinder. Sie sind der Boden, auf dem tragfähige Beziehungen und Bindungen wachsen können.

Grenzen setzen

Ein Kind als Person zu akzeptieren heißt nicht, stets mit all seinen Verhaltensweisen einverstanden zu sein. Das Zusammenleben im Kindergarten braucht Regeln und somit auch Grenzen. Sie geben Kindern eine vertraute Struktur und damit auch Sicherheit. Manche Regeln stehen als Rahmenbedingungen fest (z.B. Öffnungszeiten, Zeitvereinbarungen für Kommen und Gehen, Essenszeiten, Benutzung von Räumen usw.). Andere betreffen den Umgang mit der Einrichtung (z.B. Mitnehmen von Gegenständen, Mitbringen von Essen und Spielzeug, Beschädigen von Einrichtung und Spielsachen), oder sie sind soziale und personenbezogene Regeln (keine körperlichen Angriffe auf andere Kinder, keine Selbstgefährdung oder Verletzung).

Die wichtigsten Regeln und Grenzen müssen dem Kind zunächst mitgeteilt werden, denn manche Konflikte entstehen dadurch, daß für das Kind nicht klar ist, was genau von ihm erwartet wird. Es erlebt nur einen Anspruch oder Kritik und fühlt sich ungerecht behandelt. Solchen Situationen zugrunde liegt dann ein Mangel an Kommunikation und Austausch.

Zu klären ist: was sind die wichtigsten Regeln und Vereinbarungen, die das Kind wissen muß (meistens die Rahmenbedingungen), und wer informiert das Kind?

Die Regeln sollten:

• eindeutig und verständlich sein, entsprechend dem Alter und der Erfahrungswelt des Kindes,
• sachlich begründet werden.

Kinder haben ein Recht darauf zu verstehen, warum die Erwachsenen sich diese Regeln ausgedacht haben.
Mitunter regt das Gespräch darüber auch die ErzieherInnen an, nochmals den Sinn ihrer Regeln zu überdenken.

Auch hier gilt, daß sachliche Argumente und Ich-Aussagen dem Kind eigenverantwortliches Handeln zutrauen. Unbegründete Verbote provozieren eher zum Ausprobieren, was wohl passiert, wenn die Regeln mißachtet werden. Dann stehen nicht mehr gegenseitige Vereinbarungen, sondern die Beziehung auf dem Spiel: Ein Machtkampf, wer gewinnt oder wer länger durchhält.

Manche Notwendigkeiten, eine Grenze zu setzen, tauchen erst beim Zusammenleben im Kindergartenalltag auf; auch hier ist es wirkungsvoller, Kinder mit Informationen zu versorgen.

Erz.: „Wir haben nicht mehr so viel Grundwasser, so daß alle Leute nicht mehr wie bisher Wasser verbrauchen können. Das gilt auch für uns, deshalb haben wir heute nur so viel Wasser zum Spielen."
Karin: „Was ist Grundwasser?"
Moritz: „Warum wird das Wasser weniger?"

Je mehr die Kinder an Informationen erhalten, desto mehr werden ihre Denk- und Problemlösefähigkeiten angeregt, und sie erhalten die Chance, verantwortungsvoll zu handeln und die Standpunkte und Sichtweisen anderer kennenzulernen.

Statt

Erz.: „Heute ist es verboten, mit Wasser zu spielen, wen ich erwische, der muß heim!"

Dies wirkt eher als Einladung, sich nicht erwischen zu lassen, Informationen zu sinnvollem Handeln fehlen. Zeit und Worte werden statt für ein interessantes Gespräch möglicherweise für Kontrolle, Beschimpfungen und Bestrafungen gebraucht.

Gerade für Kinder in bestimmten Entwicklungsphasen ist es wichtig herauszufinden, wann, wo und wie sie ihre eigenen Wünsche und Ideen verwirklichen und durchsetzen können und was passiert, wenn sie dabei die gesetzten Grenzen überschreiten. Dieses Ausprobieren gehört zur Entwicklung der Selbständigkeit und spielt eine wichtige Rolle für den Aufbau der Identität. Außerdem ermöglicht es, eine Balance zu finden zwischen eigenen Interessen und Möglichkeiten und sozialer Anpassung.

Gerade beim Austesten von Wenn-dann-Beziehungen sind Informationen und Begründungen (altersgemäß und nicht zu lang) notwendig. Vorhaltungen, Urteile und Analysen schaden der Beziehung und der Entwicklung.

Kind: „Was ist, wenn ich gegen den Pfosten trete?"
Erz.: „Dann fällt die Blumenschale herunter und ist kaputt … dann verletzt du dir vielleicht den Fuß, es tut weh und du kannst nicht laufen."

Statt
Erz.: „So was macht man nicht!"
„Daß du immer auf so blöde Ideen kommen mußt … ."
„Du willst mich nur beschäftigen … ."

Wenn Kinder Begrenzungen einhalten oder einhalten müssen,
so haben sie ein Recht, ihre Gefühle darüber zu zeigen, diese zu
unterdrücken ist zuviel verlangt.

Erz.: „Zu diesem Ausflug kannst du nicht mitkommen, denn der Film ist
erst für Kinder ab sechs Jahren erlaubt."
Tom: „Doof – ich bin doch schon groß." (mit Tränen in den Augen)
Erz.: nimmt das Kind in den Arm: „Du bist schon groß und würdest so
gerne mitkommen."
Tom: „Ja." (schluchzt)
Erz.: „… und jetzt bist du enttäuscht, daß es nicht geht." (nimmt sein Ge-
fühl über die Begrenzung an)

Die Beziehung zwischen beiden leidet nicht unter dem Problem;
anders, als wenn die Erzieherin seine Gefühle abgewertet hätte:

Erz.: „Das ist halt so, da kann ich auch nichts dafür, da brauchst du gar
nicht zu heulen."

Beachten Kinder Grenzen nicht, so ist es wichtig, diese zu wie-
derholen, Folgen und Konsequenzen anzusprechen und mit
dem Kind zusammen zu überlegen, ob es Alternativen gibt.

Erz.: „Wir haben vereinbart, daß kein Kind etwas absichtlich umstößt, was
ein anderes aufgebaut hat." (sachlich allgemeine Formulierung) „Sonst
wird das Kind traurig oder wütend, und es gibt Streit" (Folge des Han-
delns).
Zu einem Kind gewandt, das in der Bauecke mit einem Ball wirft:
„Hast Du Lust zu werfen?" (Erzieherin klärt)
Das Kind nickt.
Erz.: „Worauf kannst du werfen, ohne den anderen etwas kaputt zu
machen?" (lädt ein zum Nachdenken)
Holger: „Auf Dosen wie auf dem Fest … oder auf die da." (Er deutet auf
die Bausteine)
Erz.: „Gute Idee – laß uns einen guten Platz suchen und sie dort auf-
bauen …"

Die Erzieherin, Holger und noch andere Kinder, die dazukom-
men, bauen ein Wurfspiel in einer Ecke auf einem Teppich auf,
wo nichts kaputtgehen kann.

Es gibt auch Regel- und Wettbewerbsspiele, die erlauben, Grenzen und Möglichkeiten in spielerischem Rahmen auszuprobieren, ohne daß jemand Schaden erleidet. Gerade was das Austoben von Bewegungsdrang oder Wut betrifft, so sind ungefährliche Wege hier wichtige Anregungen, d. h. nicht die Gefühle verbieten, sondern Möglichkeiten suchen, diese gefahrlos ausdrücken zu können, z. B. toben mit Kissen oder einen Wutsack (das ist ein großes, fest gestopftes Kissen, mit dem man in allen Stilarten kämpfen kann und das dies auch aushält).

Jens stürzt sich auf das Kissen und bearbeitet es mit Fäusten: „Jetzt hab ich dich, jetzt entkommst du mir nicht … so … .“
Dann steht er zufrieden auf: „Das war's.“

Kinder, die an Grenzen nicht gewöhnt sind oder die oft aggressiv reagieren, erfordern verstärkten Einsatz. Neben den bereits beschriebenen Mitteilungen werden hier z. B. Verhaltensunterbrechungen notwendig.

Ein Kind schlägt auf ein anderes ein. Die Erzieherin faßt es am Arm und zieht es weg: „Stop! Das geht nicht!“

Die äußeren Grenzen helfen, innere Grenzen zu finden; d. h. da wo ein Kind Schwierigkeiten hat, sich selbst zu kontrollieren, helfen die Regeln ihm dabei, z. B. nicht bei geringsten Anlässen andere Kinder zu schlagen oder zu treten, sondern Abstand zu gewinnen und andere Lösungen zu finden.

Erz.: „Andere Kinder treten geht nicht!“ (Sie hält ihn fest und zieht ihn mit sich)
Tanja: „Der hat angefangen …“
Erz.: „Treten tut weh – auch wenn du stinkwütend auf ihn bist. Setz dich hier auf die Bank.“ (Herausnehmen aus der Situation)

Die Erzieherin setzt sich zu dem Kind, bereit für ein Gespräch. Manche Kinder brauchen sehr viel Struktur, um Selbstkontrolle und andere Reaktionsmöglichkeiten zu erlernen.

In einer Einrichtung wurde ein Junge jedes Mal, wenn er trat oder schlug, aus der Situation herausgenommen und aufgefordert, sich auf eine bestimmte Bank zu setzen. Mit ihm gemeinsam wurde das Ziel besprochen, daß er sich beruhigen lernt und dann mit der Erzieherin über die Situation sprechen kann, um Lösungswege zu finden. Nach einiger Zeit, in der er sich in Konfliktsituationen selbst auf die Bank setzte, entwickelte er

zunehmend alternative Verhaltensweisen: gegen den Wutsack
treten, sich beklagen oder trösten lassen von der Erzieherin, die
ihm zuhört, sich mit Worten wehren, Kinder fragen, ob er mitspielen darf.

Wenn ErzieherInnen Konsequenzen androhen, müssen sie
für sich überprüfen, ob sie diese auch klar einhalten können und
wieviel Zeit und Nerven sie investieren wollen, diese durchzusetzen.

Erz.: „Wenn Du jetzt nicht aufhörst, dann ..." – ja was?

Vorsicht vor uneindeutigem Ankündigen (dann passiert was),
denn es kann für Kinder interessant sein, herauszufinden, was
denn wäre. Unglaubwürdig sind auch undurchführbare Drohungen: „Dann schicke ich dich nach Hause." – wenn die Erzieherin das gar nicht darf. Androhungen, die immer wieder erfolgen und nie eingehalten werden, werden von den Kindern sehr
bald nicht mehr ernst genommen („Das sagt die immer so, wenn
sie sauer ist ...").

Wirkungsvoll sind Vereinbarungen, die Kinder selbst aktiv
mittreffen, etwa in Gruppen- oder Vollversammlungen. Zum
Beispiel: Ein Junge hat einen anderen mit einem Stock verletzt.
Was tun? Stöcke verbieten?

Die Kinder beschließen, wenn noch ein Kind ein anderes mit
dem Stock angreift, werden alle Stöcke weggeräumt. Bisher
halten sich alle daran.

Erwähnt werden soll auch noch, daß auch Erwachsene die
Grenzen von Kindern respektieren sollten; z.B. möchten Kin-
der manchmal ungestört spielen oder nicht ohne triftigen
Grund aus dem Spiel gerissen werden.

Erz.: „Komm jetzt, ich hab's eilig ... ." Und dann redet sie
fünf Minuten mit einer Kollegin, nachdem das Kind seine Tätigkeit abgebrochen hat.

Kinder brauchen auch die Möglichkeit, ihre Grenzen zu
formulieren und ihre Interessen zu vertreten. Wenn sie erleben,
daß sie hier gehört und ernstgenommen werden, stärkt dies die
Beziehung, selbst wenn sie sich nicht durchsetzen können. Solche Gespräche können auch die Erwachsenen anregen, ihre Begrenzungen von Zeit zu Zeit zu überdenken und ggf. zu verändern. Manche wichtige Veränderung wurde so in die Wege

geleitet und damit die Ursache von unerfreulichen Auseinandersetzungen beseitigt.

In manchen Einrichtungen wurde – statt der verordneten
Ruhezeiten, die eingehalten werden müssen – ein Ruheraum
eingerichtet, in dem sich die Kinder zurückziehen und sich still
mit sich selbst beschäftigen können. Oder es wurde ein Früh-
stücksraum bzw. -ecke eingerichtet statt festgelegter Frühstücks-
zeiten.

Diese Ausführungen können nur als Anregungen gesehen
werden, mit den Regeln und Grenzen des alltäglichen Zusam-
menlebens so umzugehen, daß dabei die Pflege einer positiven
Beziehung nicht aus den Augen gerät, sondern sie als zentrales
Moment des Miteinanders in vielen Situationen erlebt werden
können.

Patentrezepte für schwierige Situationen gibt es wie immer
keine, aber sehr viele Möglichkeiten, wenn die Beziehung trägt.

Zuwendung

Kinder brauchen von Geburt an liebevolle Aufmerksamkeit:
füttern, stillen, halten, wiegen, wickeln, streicheln, baden, tragen, scherzen, anlächeln sind lebenswichtig für ihre Entwicklung – ohne diese befriedigende Zuwendung entsteht die
sogenannte sensorische Derivation, von der wir (14) wissen, daß
Kinder in extremen Fällen daran sterben können. Sie verküm-
mern ohne ausreichende Zuwendung. Wenn das Kind heran-
wächst und selbständiger wird, verändern sich die Bedürfnisse,
der Wunsch nach Anerkennung und Wertschätzung, z. B. durch
freundliche Blicke, Gesten und Worte wird stärker.

Wie die Berührungen bestätigen diese Zuwendungen sein
Selbstbewußtsein und sein Selbstwertgefühl. Auch Erwachsene
brauchen diese Aufmerksamkeit, um sich angenommen zu
fühlen.

Im erzieherischen Alltag lassen sich verschiedene Formen der
Zuwendung unterscheiden:

Positive Zuwendung:

• bedingungslos: „Schön, daß du da bist",

„Ich mag dich, wie du bist."
Ausdruck herzlicher Gefühle der Annahme, ohne daß diese
an Bedingungen gekoppelt sind.

• bedingtes Streicheln: „Du bist ein kluger Kerl",
  „Ich freue mich, wenn du mir hier hilfst."
  Alle Anerkennung und Aufmerksamkeit, die an eine Eigen-
  schaft oder eine Fähigkeit gebunden sind, unterstützen die
  Entwicklung eines positiven Selbstbildes.

Eine bedingte Zuwendung, hinter der keine bedingungslose
Annahme des Kindes steht, läuft Gefahr, ein Kind unter Aus-
nutzung seines Bedürfnisses nach Liebe und Zuneigung zu er-
wünschten Verhaltensweisen zu bringen.

Kinder denken dann häufig:
  Lisa: „Die mag mich nur, wenn ich lieb und still bin ... wenn
ich gut lesen kann ... und wenn ich anderen helfe. Aber ich bin
doch auch manchmal böse, hoffentlich merkt das niemand."
  Zu positiver Zuwendung gehört auch zuhören, sich einfühlen in Kinder, Interesse zeigen an ihren Ideen und Fähigkeiten, sich mit ihnen auseinandersetzen, sie ernstnehmen.

Negative Zuwendung:

• bedingungslos: „Du bist ein Mistkerl, am liebsten wäre ich
  dich los."
  „Hau ab, du störst.",
  „Immer wenn du da bist, geht es hier drunter und drüber."

• bedingt: „Ich mag dich nicht, wenn du so rumschreist."
  „Ich kann dein Gejammer nicht leiden."

Hier wird die Ablehnung mit der ganzen Person verbunden,
nicht nur mit einem unerwünschten Verhalten, wie z.B. „Ich
will das laute Schreien jetzt nicht, ich habe Kopfschmerzen."
(Ich-Botschaften mit Erklärung und der Chance für das Kind,
sich darauf einzustellen).
  Kinder kommen mit ihren Vorerfahrungen in den Kindergarten. Entweder mit Selbstbewußtsein und innerer Sicherheit,
darauf vertrauend, auch von den ErzieherInnen die gewohnte
liebevolle Zuwendung zu erhalten, oder aber sie hungern
grundsätzlich nach Zuwendung. Hier kommt es darauf an, ob

sie die Erfahrung machen können, daß sie positive Zuwendung erhalten, ohne sich Tricks einfallen lassen zu müssen, wie z. B. sich wenigstens negative Zuwendung zu sichern durch Stören, Schreien, Schlagen usw.

Kinder, die fast nur negative Zuwendung kennen, verhalten sich häufig so, daß sie diese auch im Kindergarten provozieren und zunächst liebevolles Verhalten nicht so leicht an sich heranlassen. Sie sind oft innerlich verletzt in ihrem Selbstwertgefühl, mißtrauisch gegenüber Erwachsenen, und – so seltsam das klingen mag – Zuneigung anzunehmen löst bei ihnen zunächst Schmerz und Traurigkeit aus, da es den sorgsam verschlossenen wunden Punkt von Mangel – und Mangel an Zuwendung kränkt und schmerzt – berührt.

Die „eingefrorenen" Bedürfnisse nach Liebe und Wertschätzung schmelzen, oft unter Tränen, ganz vorsichtig. Das Kind wartet zunächst skeptisch, ob es wohl gemeint ist und der ungewohnten Zuwendung wirklich trauen kann.

Beharrlich zu bleiben, die richtige Dosis an Zuwendung zu finden und die Kinder gut annehmen zu können, führt allmählich zu einer Veränderung. Spielkameraden können hier eine große Hilfe sein.

Ines: „Till hat mich gehauen."
zu Till gewandt: „So kriegst du keine Freunde!"
Erz.: „Du meinst, wenn er dich schlägt, hast du keine Lust, seine Freundin zu sein?"
Ines: „Ich glaub, er braucht Freunde."
(Sie hat gut beobachtet, daß Till schwer Kontakt findet)
„Komm", sie nimmt ihn an der Hand.
Till reißt sich los und brummt.
Ines: „Komm, du kannst mitspielen ..... "
Till steht und schaut unentschlossen
Erz.: „Ines lädt dich ein ... ."
Ines: „Du bist jetzt dran."

Nach wenigen Wochen haben die Kinder Till einbezogen. Er erhält Anerkennung von der Erzieherin für seine Aktivitäten. Gelegentliche tätliche Übergriffe auf andere kommentieren zum großen Teil die Kinder: „Das macht man nicht als Freund!" Da sie klare Erwartungen an ihn stellen, lernt er so eine neue Rolle, die ihm auch andere Zuwendung einträgt.

★ Überlegungen für ErzieherInnen zum Thema Zuwendung im Kindergarten:

• Welche Beispiele aus dem erzieherischen Alltag fallen mir zu bedingungsloser positiver Zuwendung und zu positiver Zuwendung mit Bedingungen ein?
• Welche Beispiele aus dem erzieherischen Alltag fallen mir zu bedingungslos negativer Zuwendung und bedingt negativer Zuwendung ein (Mutter: „Seit dieses Kind da ist, komme ich keinen Moment mehr zur Ruhe!" [Das Kind steht dabei])?
• Worin liegt der Unterschied zwischen der Ablehnung oder Annahme der ganzen Person und der Ablehnung oder Annahme bestimmter Verhaltensweisen?

♦ Im Kindergarten bieten sich täglich viele Gelegenheiten, liebevoll miteinander umzugehen, z. B. über Blicke, Gesten und freundliche Worte.

Liebevoller Umgang miteinander kann vermittelt werden durch:
• Spiele (siehe Kapitel „Beziehung ohne Worte"),
• Gespräche im Kreis zu Themen wie:

• Worüber freut ihr euch?
• Was könnt ihr tun, damit andere sich freuen?
• Wie fühlst du dich, wenn andere dir ein Lied singen, die Freundin dich einlädt, jemand anderes dir etwas schenkt, was du dir schon lange gewünscht hast,
   wenn ihr richtig toben könnt,
   dir jemand etwas Nettes sagt?
• Hast du dich schon einmal gefreut? Worüber?
• Sagst du es, wenn du sauer bist?
• Was kann man, wenn man sehr sauer ist, tun, statt zu schlagen? (Mit jemandem reden, der zuhört; auf den Boden trampeln, auf ein Kissen hauen oder irgend etwas, das niemandem wehtut, schreien usw.)?
• Gibt es etwas, das du dir manchmal sehr wünschst?

Erlebt ein Kind, daß Erwachsene sich selbst schätzen und gut mit sich selbst umgehen, so hat es die Chance, dies auch für sich zu lernen. Eine positive Einstellung zu sich selbst ist eine gute

Voraussetzung für eine positive Einstellung gegenüber anderen (Kindern, Eltern, KollegInnen).

♦ Vorschlag:

Erzieherin wie Kinder nennen drei gute Eigenschaften von sich selbst. Diese werden auf Zettel oder mit Namen auf ein großes Plakat geschrieben und aufgehängt.

Wichtig ist, die Eigenschaften positiv zu formulieren: Ich bin geduldig, ich weiß viel, statt: Ich bin nicht dumm.

Für viele ist die Idee, sich selbst gut zu finden, ungewohnt. Sätze wie „Eigenlob stinkt" sind tief im Bewußtsein verankert. Drei negative Dinge zu nennen, fällt vielen Menschen leichter – ein Umstand, der ein Licht auf den Umgang mit uns selbst wirft.

✱ Überlegungen für ErzieherInnen:
  (für einen Tag/eine Woche)

- Wieviel Streicheleinheiten erhalte ich?
- Wieviel Streicheleinheiten gebe ich?
- Wieviel Streicheleinheiten lehne ich ab oder werte ich ab?
- Wieviel negative Zuwendung erhalte ich?
- Wie oft kritisiere ich mich?
- Wie oft kritisiere ich andere?
- Wie oft sage ich „nein" zu einer Forderung?
- Wie verhalte ich mich, wenn ich Zuwendung möchte?
- Welche ist mir wichtig („Einmal zu hören, das hast du gut gemacht!")
- Was hält mich davon ab, nach Zuwendung zu fragen („Wenn ich schon bitten muß … .")?
- Was kann ich ändern, um sie wirklich anzunehmen?
- Wieviel Anerkennung und Streicheleinheiten gebe ich mir selbst?

In der Erzieherfortbildung wurden diese Überlegungen oft als anstrengend empfunden, weil auch viele persönliche Momente eine Rolle spielten. Gespräche darüber halfen jedoch, wie sich später herausstellte, Beziehungen zu anderen Personen bewuß-

ter und herzlicher zu gestalten. Viele stellten auch allmählich
fest, daß sie konstruktivere Selbstgespräche führten, sich innerlich ermunterten und lobten.

Wenn die „Ökonomie der Zuwendung" oder der Streichel-
einheitenhaushalt aus der Balance gerät, sind Erschöpfung,
Unlust, das sogenannte „Ausbrennen" häufige Folgen gerade in
sozialen Berufen. Von daher ist die Idee, so engagiert und
freundlich mit sich selbst umzugehen wie mit anderen, Gesund-
heitspflege!

Rituale

Rituale lassen sich beschreiben als wiederkehrende Handlungen
mit einer besonderen Bedeutung, die sich aus dem Einerlei des
täglichen Ablaufs herausheben. Sie geben dem Moment einen
tieferen Sinn, eine symbolische Bedeutung. Die Geschichte der
Rituale ist fast so alt wie die Menschheit selbst: Tägliche Zere-
monien wurden vollzogen, um die Götter anzubeten oder um
das Leben im Einklang mit der Natur zu wissen.

In vielen Kulturen gibt es noch Rituale, die den Übergang
von der Jugendzeit ins Erwachsenenalter besonders würdigen.

Christliche Rituale teilen das Jahr in besondere Festtage ein.
Viele dieser Rituale sind verlorengegangen in einem schnellebi-
gen, technisierten Alltag. Sie haben ihre Bedeutung verloren,
wurden vermarktet oder gar mißbraucht. Geblieben ist aber of-
fensichtlich doch der Wunsch nach diesen wiederkehrenden Ereignissen oder Tätigkeiten mit tieferer Bedeutung.

Vor allem die Kinder sind Meister in diesen Wiederholungen.
Kein Wunder, denn Wiederholung ist ein wesentliches Moment
von Lernen: etwas so lange zu üben, bis es gelingt und dann genießen, es zu können und zu beherrschen. So verschaffen sich
Kinder ihre Sicherheiten in einer Welt, die oft überwältigend
viel Neues und Unbekanntes, oft sogar Bedrohliches bereithält.
„Ich kann das schon!" stärkt das Selbstbild mit dem Gefühl,
selbst zu handeln, statt ausgeliefert zu sein.

„An ihrer (der Kinder) Seite hat man schnell begriffen, daß
eingespielte Gewohnheiten, absurd anmutende Regeln und eine
stets wiederkehrende Abfolge von Tätigkeiten ihnen höchstes

Glück und große Zufriedenheit bedeuten" (15). Kleinste Ab-
weichungen lösen so viel Protest aus, daß es oft mehr Kraft
kostet, ihn auszuhalten als mitzumachen.

Zum Beispiel Zu-Bett-Geh-Rituale:

Silke, 6 Jahre, bringt zuerst noch die Puppen ins Bett, holt ihr Schmusetier
und ein Buch zum Vorlesen, dann will sie noch einen Moment über den Tag
reden und die Hand der Mutter beim Einschlafen halten.

So gibt es viele Aufwach- und Aufstehrituale, Abschieds-
rituale, Begrüßungsrituale, Sonntagsvormittagsrituale, Spiel-
rituale usw.

Oft spüren Kinder genau, was sie an Unterstützung und
Hilfe für den Übergang von einer Situation in die andere brauchen. Diese kleinen Gewohnheiten nehmen die Angst und
schaffen über vertraute Handlungen sichere Zonen. Kinder, besonders auch Jugendliche, demonstrieren über Rituale ihr Zu-
sammengehörigkeitsgefühl, gemeinsame wiederkehrende Handlungen haben eine nur den Gruppenmitgliedern bekannte
Bedeutung (z.B. Mutproben, Begrüßungsrituale, bestimmte
Spiele usw.).

Wenn deutlich wird, wie wichtig Rituale im Alltag sind, um
Erfahrungen zu ordnen, sie in Symbole zu kleiden und ihnen
einen tieferen Sinn zu verleihen, dann stellt sich die Frage, wie
es mit den Ritualen im Kindergartenalltag steht?

✳ Überlegungen für ErzieherInnen:

• Welche Rituale haben Sie persönlich?
• Welche allgemeinen Rituale kennen Sie?
• Welche wiederkehrenden Handlungen haben Sie bei Kindern
  beobachtet?
• Gibt es gemeinsame Rituale in der Arbeit mit Kindern,
  Handlungen mit besonderer Bedeutung, die aus dem alltäg-
  lichen Einerlei herausragen?
• Gibt es besondere Rituale, z.B. Geburtstagsfeiern, Ernte-
  dank, Weihnachtsfeier ...?
• Welche Rituale konnten Kindern bestimmte Übergänge von
  einer Situation in eine andere erleichtern? (z.B. Begrüßungs-
  rituale).

Für Kinder ist es sehr wichtig, daß die Teilnahme an bestimmten Alltagsritualen freiwillig ist. Wenn Rituale für Kinder ihren
Sinn haben, dann sind sie auch begeistert dabei und protestieren
bei kleinsten Veränderungen; wenn sie sich aber weigern und
keine Lust haben, dann handelt es sich meistens um die Interessen von Erwachsenen, und es ist diesen noch nicht gelungen,
den tieferen Sinn ihrer Absichten ausreichend zu vermitteln,
z. B. bei christlichen Festen. Die Kinder brauchen Informationen über die Bedeutung dieser Feste, Möglichkeiten, sie mitzu-
gestalten, um Spaß dabei zu entwickeln. Zwang an der Teilnahme von bestimmten Gewohnheiten Erwachsener, die für
Kinder keinen Sinn ergeben, verderben ihnen die Lust an Ritualen überhaupt und nehmen ihnen eine hilfreiche Möglichkeit
der Lebensgestaltung und -bewältigung.

6 Beziehungsstörungen

So wie bestimmte Erziehungsstile eine positive Beziehung und Bindung fördern können, so können andere Beziehungsstörungen bewirken; z. B. spielt die Art und Weise, wie ErzieherInnen ihre Vorstellungen und Ziele dem Kind nahebringen, eine große Rolle.

Dies kann einvernehmlich geschehen, z. B. über Ich-Botschaften, durch erklären, anregen, begeistern, die Persönlichkeit und die Bedürfnisse des Kindes achtend oder über Disziplinarmaßnahmen, z. B. über Du-Botschaften („Du sollst endlich ..."), Belehrungen, drohen mit Blicken, strafen usw.

Hier stehen die Vorstellungen und Erwartungen der ErzieherInnen im Vordergrund, die Bedürfnisse und Meinungen der Kinder werden ignoriert und abgewertet.

Auch wenn Verhaltensweisen im Alltag manchmal verschiedenen Stilen zugeordnet werden können (z. B. eine Erzieherin, die häufig im Einvernehmen mit den Kindern handelt, kann auch in bestimmten Situationen schimpfen), so gibt es dennoch einen persönlichkeitseigenen, charakteristischen Stil, der als tiefgreifende, „die Grundgefühle (und das Selbstbild) des Kindes beeinflussende Bindungsqualität" (1) beschrieben wird.

Jessy: „Frau S. ist immer so streng. Sie schimpft gleich und wir müssen sofort aufräumen, obwohl wir noch gar nicht fertig gespielt haben, nur weil sie das so will."

Zu Beziehungsstörungen führen Einstellungen von Eltern und ErzieherInnen, die z. B. sehr früh von den Kindern verlangen, selbständig zu sein und sie in ihren Bedürfnissen nach Körperkontakt, gehalten und beschützt zu werden, zurückweisen.

Erz.: „Ich bin nicht dafür, die Kinder zu verwöhnen, dann werden sie nie selbständig. Man muß so früh wie möglich damit anfangen. Uns hat auch keiner durchs Leben getragen."

Wenn bestimmte kulturelle, gesellschaftliche oder persönliche Ziele im Vordergrund stehen, z. B. möglichst früh zu lernen, sich allein zu beschäftigen, und Beziehungswünsche ignoriert werden, indem beispielsweise die Aufmerksamkeit auf Gegenstände umgelenkt wird oder, gefährlicher, die Flasche zum Nuckeln als Ersatz angeboten wird, dann führt dies häufig zu unsicheren Bindungen.

Je nach Intensität und Häufigkeit dieser Situationen werden dem Kind Botschaften vermittelt wie z. B.:

„Sei kein Kind, werd' schnell erwachsen."
„Sei nicht nah."
„Zeig deine Gefühle und Bedürfnisse nicht."
„Deine Bedürfnisse sind nicht wichtig."
„Wenn du nur anders wärst." usw.

Und die Kinder, die aus ihren Alltagserfahrungen in Beziehungen zu den wichtigsten Erwachsenen ihr Bild von sich und der Welt entwickeln, schließen daraus:

„Ich bin nicht gut, so wie ich bin."
„Besser, ich zeige nicht, was ich will."
„Ich bin nicht wichtig."
„Keiner hat mich lieb, ich bin alleine."

Sie fühlen sich traurig, einsam, wütend auf sich und andere, enttäuscht, tief verunsichert, machtlos, hoffnungslos.

Viele Erwachsene spüren solche Gefühle in sich und haben Probleme, sie zu verstehen und anzunehmen, besonders, wenn sie die Ansichten der Eltern/ErzieherInnen teilen.

Erz: „Ich bin sehr früh zur Selbständigkeit erzogen worden, verhätscheln und so etwas gab es bei uns nicht. Ich finde es auch richtig, … und dann wird mir plötzlich schwindelig, ich kriege Angst und fühle mich völlig allein und abgeschnitten."

Manchmal wird es ein langer Weg durch eine therapeutische Behandlung, die Zusammenhänge zu verstehen und die Grundbedürfnisse selbst ernst- und wahrnehmen zu lernen.

✶ Überlegungen für ErzieherInnen:

• Stellen Sie sich noch einmal alle wichtigen Bezugspersonen Ihrer ersten Lebensjahre vor.

- Stellen Sie sich jede einzelne Person vor, und lassen Sie diese zwei wichtige Sätze zu Ihnen sagen, die Ihnen in Erinnerung geblieben sind:
  - einen, den Sie gut finden,
  - einen, den Sie ablehnen.
- Wie reagieren Sie auf diese Erinnerungen, körperlich, gefühlsmäßig?
- Welche Rolle spielen diese Ansichten heute in Ihrem Leben?
- Sind Sie mit der darin enthaltenen Botschaft einverstanden?
- Wie denken Sie heute darüber?

Jede Äußerung und Verhaltensweise, die ein Kind in seinem Denken, Fühlen und Handeln abwertet, verletzt sein Selbstwertgefühl und führt zu einer Beziehungsstörung. Gordon hat typische Reaktionsmöglichkeiten zusammengestellt, die zu einem Kontakt- bzw. Beziehungsabbruch führen, da sie nicht auf einer partnerschaftlichen Kommunikation beruhen.

1. Befehlen, kommandieren
   „Hör sofort auf und komm jetzt, sonst … .“

2. Warnen und drohen
   „Wenn du das noch einmal machst, dann fliegst du raus!“

3. Vorhaltungen, Moralpredigten
   „Du weißt doch genau, daß man so etwas nicht tut.“

4. Lösungen vorgeben, Ratschläge
   „Das machst Du jetzt so, wie ich es dir gesagt habe.“

5. Strafpredigten, logische Argumente vorbringen
   „Ich habe dir doch gleich gesagt, daß das so nicht gehen kann …“

6. Verurteilen, kritisieren, beschuldigen
   „Du bist doch jetzt alt genug, daß du wissen mußt, daß man das nicht sagt, du lernst das nie!“

7. Loben
   „Das hast du gut so gemacht, so gefällst du mir schon besser!“

8. Beschimpfen, lächerlich machen, beschämen
   „Wie du schon wieder aussiehst! Schau dich bloß mal an, wenn dich jemand sieht, denkt er, du seist aus der Mülltonne gekrochen.“

9. Interpretieren, analysieren
   „Das machst du ja bloß, damit wir dich wieder mal ganz toll finden sollen!“

10. Bemitleiden, trösten, nicht ernstnehmen
   „Ach du Armer, ist doch nicht so schlimm, daß du jetzt so einen Auf-
   stand hier machen mußt, das wird schon wieder .“

11. Ausfragen, verhören
   „Warum hast du denn das schon wieder gemacht?“

12. Ablenken, aufheitern, zerstreuen, zurückziehen
   „Jetzt hör mal auf damit, laß es und geh mit den anderen spielen.“

13. Ironie
   „Das ist dir ja wieder mal gut gelungen!“, angesichts eines zerbroche-
   nen Glases.

Alle genannten Reaktionen lösen bei Kindern negative Emo-
tionen aus. Sie fühlen sich gekränkt und verletzt, verängstigt,
wütend, beleidigt, traurig, zurückgesetzt, bloßgestellt, nicht
ernstgenommen, nicht verstanden. Sie verletzen ihr Selbstwertgefühl und beeinträchtigen die Entwicklung ihres Selbst-
vertrauens. Erleben sie dies häufiger, ziehen sie sich von den
Erwachsenen zurück, mißtrauen ihnen, leisten still oder laut
und aggressiv Widerstand, werden „schwierig“. Sie lernen so,
daß es in Beziehungen auf Macht ankommt, will man eigene
Interessen durchsetzen.

Abwertungen

Abwertungen führen immer zu einer Beziehungsstörung, häufig sogar zu Kontaktabbruch, und nebenbei lernen auf diese
Weise die Kinder auch, sich selbst abzuwerten.
   Abwertungen können offen, aber auch verdeckt und subtil
ablaufen.

• Ich kann mich, meine Person, meine Fähigkeiten, mein Aus-
   sehen usw. abwerten:
   „Das kann ich nicht, ich bin ungeschickt.“
   „Ich bin blöd, ich habe zwei linke Hände, schon immer.“
   „So wie ich aussehe!“

• Zuwendung von anderen kann abgewertet werden:
   „Das sagt er ja nur, weil er will, daß ich ihm helfe.“
   „Ach komm, daß das so gut lief, war nur Zufall.“

• Ich kann andere Personen, deren Fähigkeiten und Aussehen z. B. abwerten:

„Wie siehst du denn schon wieder aus?"

„Der ist noch ein Baby, der kann sich noch nicht mal richtig anziehen."

• Andere können mich abwerten:

„Du bist halt zu langsam."

„Du mit deiner Gefühlsduselei."

Schon Bewertungen, manchmal gedankenlos ausgesprochen, stoßen auf wenig Gegenliebe in der Beziehung.

„Du bist halt ein Angsthase, ein Sensibelchen."

(Wer hört das schon gerne?)

Mit ca. 4 Jahren lernen Kinder ihre Aktivitäten nach Erfolg und Mißerfolg einzuschätzen und entsprechend sich und ihre Fähigkeiten zu bewerten.

Je behutsamer ErzieherInnen mit Be- und Abwertungen in Beziehungen mit Kindern umgehen, desto eher können sie ihnen helfen, Zutrauen zu ihren Fähigkeiten und Fertigkeiten zu gewinnen.

Viele Erwachsene und Kinder kämpfen mit ihren Ängsten, bewertet – negativ bewertet – zu werden und sind oft selbst ihre strengsten Kritiker. Sie werten ihre eigenen Fähigkeiten selbst in Gedanken ab. Viel Initiative, Einfallsreichtum und Kreativität fällt diesen „Denkprozessen" zum Opfer. „Bevor ich mich blamiere, lasse ich es lieber." Die Kinder lernen in Beziehungen, sich abzuwerten, indem sie entsprechende Äußerungen hören, bzw. wenn ErzieherInnen sich selbst abwerten. Negativ beeinflußt wird hier nicht nur ihre Beziehung zu den anderen, sondern auch zu sich selbst.

Esra: „Ich mag mich, weil ich so gut tanzen kann."

Tim (leise): „Ich mag mich nicht …" Der Rest geht in Murmeln unter.

✳ Überlegungen für ErzieherInnen:

• Was haben Sie selbst in Ihrer Erziehung als Abwertung erlebt?

• Wann haben Sie sich in letzter Zeit abgewertet gefühlt, und wie haben Sie reagiert?

• Werten Sie sich selbst ab?

- Was? Ihre Person, Ihre Gefühle, Ihre Fähigkeiten?
- Formulieren Sie die Abwertungen einmal positiv um!

Nichtsprachliche Abwertungen:

Gesicht, Stimme, Ton und Gestik gehören so selbstverständlich zu jedem sprachlichen Austausch, daß uns das oft gar nicht mehr auffällt. Aufmerksamkeit erregen erst Widersprüche, wenn z. B. jemand mit finsterem Gesicht und ärgerlicher Stimme sagt : „Das ist aber schön, daß du kommst …"

Schaut man sich Alltagsszenen im Film an, ohne Ton, dann ist leichter zu beobachten, wie sich Gesicht und Haltung einer Person im Kontakt verändern; wie z. B. das Kind den Blick abwendet, sein Gesichtsausdruck sich verändert, seine Körperhaltung, wenn es Kritik hört; oder wie Erwachsene über Mimik und Gestik dem Kind mitteilen, daß sie gelangweilt oder genervt sind.

Es gelingt selten, die momentanen Gefühle zu verbergen und freundlich zu reagieren, wenn wir ärgerlich sind. Vor allem Kinder orientieren sich sehr an den nichtsprachlichen Signalen, da sie den Umgang mit Sprache ja erst allmählich beherrschen lernen. Zu sagen „Das stinkt mir jetzt – ich will das nicht!" ist eindeutiger zu verstehen als Aussagen wie: „Würdest du das jetzt bitte mal lassen." (in scharfem Ton) oder etwa „Ist ja toll, was du hier machst!" (Ironie und Sarkasmus).

Kinder sind irritiert über den Widerspruch zwischen Aussage und nichtsprachlichen Signalen, unsicher darüber, was nun gemeint ist, und mißtrauisch, was wohl noch folgt.

Gesichtsausdruck, Blickkontakt und die Körperhaltung von Kindern sind Quellen der Rückmeldungen. Sie zeigen, ob ein vertrauensvoller Kontakt noch besteht oder bereits abgerissen ist. So wie sich z. B. bei Untersuchungen zeigte, daß Kinder mit unsicherer Bindung nach einer kurzen Trennung von ihren Eltern kaum Kontakt mit diesen aufnehmen, sie nicht anschauen, sich abwenden. Nicht so sehr aufgrund einzelner Situationen, sondern aus der Summe seiner Erfahrungen in der Beziehung zu seinen Bezugspersonen baut sich ein Kind sein Bild von sich und der Welt. Sogenannte Verhaltensstörungen sind sehr oft unbewußt sinnvolle Reaktionen aus der Sicht des

Kindes. Ein Kind, daß sich z. B. über Lautstärke, Rempeln, häufiges Fragen oder Anklammern die notwendige Zuwendung sichert, die es anders nicht bekommen würde, handelt für sich gesehen sinnvoll. Es hat einen Weg gefunden, um Aufmerksamkeit zu erhalten, ob alle Beteiligten mit dieser Lösung gut leben können, ist eine ganz andere Frage.

Verhalten beschreiben statt bewerten:

Kinder kommen mit ihren bisherigen Beziehungserfahrungen in den Kindergarten und übertragen sie auf die ErzieherInnen. Diese sehen sich konfrontiert

– mit Kindern, die über sehr viele soziale Fähigkeiten verfügen,
– mit Kindern, die gelernt haben, sich negative Zuwendung zu sichern und
– mit Kindern, die sich in sich zurückgezogen haben und kaum von sich aus Kontakt aufnehmen und
– mit Kindern, die aus einem Mangel an Beziehung zunächst gar nicht wissen, wie sie reagieren können.

◆ Anregungen: Beobachten Sie ein Kind.
  – Wie nimmt es Kontakt auf in verschiedenen Situationen?
  – Was tut es – was nicht?

Wichtig ist dabei, das Verhalten in Tätigkeiten und nicht in wertenden Begriffen zu beschreiben, z. B. das Kind kommt in den Raum, geht mit gesenktem Blick in eine Ecke, setzt sich auf den Stuhl, nimmt eine Puppe vom Boden auf und spricht mit ihr – statt: das Kind ist schüchtern und in sich gekehrt.

Unter wertenden Begriffen versteht jeder etwas anderes, Verhaltensbeschreibungen und -beobachtungen dagegen lassen sich sehr gut austauschen mit KollegInnen (z. B. in Teambesprechungen).

TeilnehmerInnen aus Fortbildungen wählen sich als Praxisaufgabe immer wieder die intensive, genaue Verhaltensbeobachtung eines „schwierigen" Kindes. Überrascht mußten sie häufig feststellen, welche Fähigkeiten und Fertigkeiten dieses Kind besaß, die oft übersehen wurden, da die Aufmerksamkeit dem „störenden" Verhalten galt. Mit der genauen Beschreibung von

Verhaltensweisen war es möglich, mit KollegInnen gemeinsam zu überlegen, welche Gefühle und Empfindungen hinter den Verhaltensweisen möglicherweise stecken, und wie sie verständnisvoll damit umgehen könnten.

Ohne diese Beobachtungen als feste Tatsachen zu nehmen, helfen sie auf jeden Fall, vorsichtig auf ein Kind zuzugehen und Kontakt mit ihm aufzunehmen, um herauszufinden, was neben der eigenen Wahrnehmung und Vermutung in dem Kind vorgeht, was der Grund für sein Verhalten sein kann und welche Unterstützung es braucht.

Probleme haben ihren Sinn

Sogenannte Verhaltensauffälligkeiten als kindliche Lösung eines Problems ohne den Blickwinkel von Schuld und Fehlern zu sehen, regt zu einem neuen Verständnis von Beziehung zwischen Menschen an. Es geht darum, die Dynamik von menschlichen Bedürfnissen und ihrer Befriedigung unter den verschiedensten Lebensbedingungen zu begreifen.

Kinder, deren Bedürfnisse nach Körperkontakt, streicheln, gehalten und getröstet werden nicht erfüllt sind, können die Nähe von ErzieherInnen intensiv suchen und sich anklammern, sie können aber auch gar nicht oder aggressiv abwehrend reagieren, wenn sie angefaßt und berührt werden oder über Treten, Raufen und Schlagen die Nähe suchen.

Kinder, die wenig einfühlendes Verständnis erlebt haben, sind es nicht gewöhnt, sich auszudrücken und mitzuteilen, da sie gar nicht damit rechnen, daß ihnen jemand zuhört oder sie versteht.

Peter auf die Frage, ob er sich gerade verletzt habe: „… weiß ich nicht, sowieso egal … .“

Kinder, denen es an Rückmeldung und Bestätigung fehlt, wissen oft nicht, wie sie sich selbst einschätzen können.

Erz.: „Ich glaube, du kannst das gut.“ (Bälle fangen)
Lars: „Weiß nicht … .“
Erz.: „Hast du Lust, mitzumachen bei dem Spiel?“

Lars: „Kann ich nicht …"
Erz.: „Willst du's mal probieren?"
Lars: „Weiß nicht, wie's geht …"
Erz.: „Gestern haben wir das auch gespielt, und ich habe gesehen, daß du ganz gut mitgemacht hast …"
Lars: „Häh"? (Wirklich)

Kinder, die negative Rückmeldungen gewohnt sind, haben auch schon ein entsprechendes Selbstbild entwickelt:

Eine Erzieherin und einige Kinder bauen Phantasiegestalten aus Naturmaterialien:
Erz.: „Hast du Lust mitzumachen, Jonas?"
Jonas: „Kann ich nicht – mir fällt nichts ein!"
Erz.: „Wie kommst du darauf? Probier's doch mal aus."
Jonas: „Ich bin blöd, zu Hause darf ich auch nie halten, Vater sagt, ich mach doch alles kaputt."

Kinder, die nicht mitspielen, nicht mitgestalten oder sich sonst nicht beteiligen, wissen oft nicht, wie. Sie sind sich nicht bewußt, diese Fähigkeiten und Fertigkeiten zu besitzen – wie ein weißer Fleck in der Landkarte ihres Selbstbildes – oder sie wissen schlichtweg nicht, wie sie es anfangen können:

Erz.: „Hast du Lust, hier mit aufzubauen?"
Kathrin: „Ne …" (bleibt stehen und schaut zu)
Erz.: „Hast du das schon mal gemacht?"
Kathrin: „Ne …" (und schaut weiter zu)
Erz.: „Willst du es mal versuchen?"
Kathrin: „Ne … weiß nicht, wie das geht …" Sie nimmt unschlüssig ein Stück Stoff in die Hand und legt es wieder weg.
Erz.: „Ich zeig's dir, wenn du willst …"
Kathrin kommt näher.
Erz.: „Hier, halt das fest, so, und jetzt können wir das ganze spannen wie ein Zelt, Achtung, so kippt es, … ja, so … jetzt müssen wir alles hier anbinden …"

Die Erzieherin begleitet die Tätigkeit, und die Neugier der Kinder ist der Motor, sich auf das gemeinsame Tun einzulassen.
 Sehr vielen Kindern und Jugendlichen fehlt eine freundliche Begleitung im Alltag, die ihnen Spielraum für Eigeninitiative einräumt, sie nicht einengt, aber auch nicht allein läßt, sondern aufzeigt, wie es gehen kann.

Verweigerungen oder Störverhalten beruhen oft auf Unsicherheit und einem Mangel an Zutrauen in die eigenen Handlungsmöglichkeiten, weil Begleitung und Bestätigung fehlen. Dies ist selten zurückzuführen auf schlechte Absichten der Erwachsenen, sondern darauf, daß sie selbst als Kind wenig Begleitung und Bestätigung erlebt haben und noch erleben, und ebenso auf Streß, Überforderung und Zeitmangel.

Wer begleitet denn Eltern und sagt ihnen, wie sie ihre Aufgaben am besten erfüllen können? Wer gibt ihnen Bestätigung?

Wie steht es mit den ErzieherInnen?

Viele Fähigkeiten und Fertigkeiten von Kindern liegen brach – im sozialen und im kreativen Bereich, z. B. weil sie keine Aufmerksamkeit erfahren, keine anregende Begleitung und keine Bestätigung.

Mangel an Interesse läßt Kinder verstummen, sie leben für sich in ihrer eigenen Welt, teilen sie vielleicht mit Gleichaltrigen, aber die Erwachsenen erfahren wenig darüber, was sie denken, wovor sie sich fürchten und was sie bewegt.

Ein sehr hoher Prozentsatz von Kindern fürchtet sich vor Krieg und Umweltzerstörung, aber nur wenige sprechen darüber (2). Das liegt ganz sicher auch daran, wieviel Interesse wir Erwachsenen für das aufbringen, was Kinder bewegt. Sie brauchen Personen, die ihnen zuhören, sie ernst nehmen und ihre Ängste und Sorgen annehmen, und das schon im frühen Kindergartenalter. Kinder sehen und hören vieles, was sie ängstigt und was sie gerade auch in diesem Alter noch nicht verstehen können. Sie brauchen Beziehungen, in denen sie sich sicher fühlen können, um sich mitzuteilen. Dort, wo das Interesse fehlt, wo Kinder hören, sie seien noch zu klein, um zu verstehen oder mitreden zu können, wo Gespräche fehlen und statt dessen Erwachsene belehren, Moralpredigten halten oder sich einfach abwenden, wird die Beziehung nachhaltig gestört – oder kann sich erst gar nicht entwickeln.

7 Beziehungen und Zeit

Die Entwicklung und Pflege von Beziehungen und Bindungen braucht Zeit.

Zeit spielt in unserem Zusammenleben mit Kindern eine entscheidende Rolle.

Um das unterschiedliche Zeiterleben und -verständnis von Erwachsenen und Kindern besser begreifen zu können, muß man sich die „Geschichte der Zeit" zunächst anschauen.

Schon vor langer Zeit teilten die Menschen ihre Zeit ein, nach astronomischen Gesichtspunkten und nach biologischen Bedürfnissen. Sie maßen mit Wasseruhren, mit Sonnenuhren, mit Sanduhren und berechneten die Zeit nach dem Stand der Sterne.

Der Prozeß der Industrialisierung und Technisierung unserer Gesellschaft erforderte eine übergreifende Zeitordnung: die lineare löste die alte von Naturereignissen abhängige ab.

So sind seit 1967 die Schwingungen in der Elektronenhülle von Caesiumatomen – die Atomuhr – Maßeinheit für unsere Zeit, unabhängig von Tag oder Nacht, Ebbe oder Flut oder biologischen Bedürfnissen (1).

Wir beginnen nicht mit der Arbeit, wenn es hell wird oder wenn wir ausgeschlafen haben, sondern wir beginnen um 8.00 Uhr MEZ, unabhängig davon, ob es dunkel ist, regnet, wir müde sind oder uns körperlich nicht nach Aktivität fühlen; anders würde unser kompliziertes, hochtechnisiertes wirtschaftliches Zusammenleben nicht funktionieren.

Der Prozeß, den die Menschen in den Industriegesellschaften in den letzten Jahrhunderten durchlebten, ist eine Wandlung von einer an natürlichen Rhythmen orientierten Zeiteinteilung hin zu einer Anpassung an eine abstrakte, äußere Zeituhr (Atomuhr). Dies erlebt auch ein Kind. Kinder, die geboren werden, leben ihre Zeit: Schlafzeit, Wachzeit, Zeit der Bedürfnisse,

in ihrem ganz persönlichen individuellen Rhythmus. Die Erwachsenen, je nach ihren Möglichkeiten und Fähigkeiten, sich
darauf einzustellen, setzen die ersten Zeitpunkte im Leben
des Säuglings. Liest man die Erziehungsratgeber der letzten
50 Jahre, so ist das Zeitthema immer wieder ein Hauptpunkt
der Erörterungen. Nicht wenige vertraten die Ansicht (und tun
es teilweise noch), Kinder so früh wie möglich an die Zeitpläne
der Erwachsenen, die lineare Zeit, zu gewöhnen. Essen nach
Plan, Schlafen nach Plan usw. Der Tagesablauf vieler Einrichtungen war nach genauen Zeitplänen eingeteilt. Es gab feste
Zeiten:

– ab wann die Kinder anwesend sein mußten,
– für das gemeinsame Frühstück,
– für das Freispiel,
– für gemeinsame Aktivitäten,
– für Ruhezeiten usw.

Diese Tageseinteilung gab den Kindern einerseits eine verläßliche Zeitstruktur, andererseits jedoch standen diese Pläne den
Bedürfnissen von Kindern auch häufig sehr entgegen. Sie wurden aus ihrem Spiel gerissen, mußten essen, wenn sie keinen
Hunger hatten, und schlafen, wenn sie nicht wollten. Die Kinder paßten sich teilweise den Vorgaben an und verlernten, ihre
Bedürfnisse wahrzunehmen. Es gab Konflikte, bei denen die
ErzieherInnen sich durchzusetzen versuchten gegen die Kinder,
oft auf Kosten der Beziehung.

Eine Kindergartenmutter: „Ich erinnere mich noch ganz genau an meine
Kindergartenzeit – wir mußten zusammen frühstücken, und ich hatte noch
gar keinen Hunger, dann mußte ich so lange sitzenbleiben, bis ich fertig
war – und das war manchmal lange … die Erzieherin habe ich gehaßt."
Eine andere Mutter: „Wir mußten immer schlafen – und das war ganz
streng."

Als Gegenbewegung zu der Erziehung nach genauen Zeitplänen
entstanden Konzepte, die radikal die Bedürfnisse der Kinder in
den Vordergrund stellten und diese ihren Tagesablauf selbst bestimmen ließen. Der Nachteil hier war, daß den Kindern die
sicherheitsgebende Struktur (siehe Rituale) verlorenging.

Die meisten Rahmenpläne und Konzeptionen versuchen
daher, einen Mittelweg zu finden mit einer Tageseinteilung, die

den Bedürfnissen der Kinder genügend Spielraum einräumt,
z. B. freies Frühstück, lange Freispielphasen, langfristig gemeinsam geplante Projekte, so daß sich die Kinder darauf einstellen
können.

Selbst diejenigen Eltern und Erzieher, die sich bemühen, sich
auf die Zeitbedürfnisse von Kindern einzustellen, werden merken, daß sie sie schon früh mit der Erwachsenenzeiteinteilung
konfrontieren (müssen).

Der Kindergarten z. B. braucht feste Öffnungszeiten, weil die
Eltern pünktlich zu ihrer Arbeit müssen – und die Kinder kommen, obwohl sie nach ihren Zeitbedürfnissen lieber länger ge-
schlafen hätten oder gerade vertieft waren in ein interessantes
Spiel. Sie brauchen Zeit, sich neu zu orientieren.

Benni mürrisch: „Hab heute keine Lust ...“
Erz.: „Was ist passiert heute?“ (fragt interessiert nach)
Benni: „... will noch schlafen ...“
Erz.: „Du bist noch müde – Du kannst dir Zeit lassen zum Aufwachen
hier.“ (sie nimmt sein Gefühl an)
statt
Erz.: „Ja, meinst du, ich hätte vielleicht Lust, jeden Morgen aufzustehen?
Da wirst du dich daran gewöhnen müssen.“

Wie viele Konflikte dieses Zusammenleben in sich birgt, wird
deutlich, wenn wir uns vergegenwärtigen, daß Kinder frühe-
stens im Alter von ca. 2 Jahren in der Lage sind, geistig und
sprachlich z. B. Vergangenheitsformen zu artikulieren, zwischen
5 und 7 Jahren (meist mit der Einschulung) die Uhr verstehen
lernen und das Erwachsenenzeitbewußtsein erst mit 10 bis 12
Jahren voll erreichen.

Für Kinder ist das Zeiterleben subjektiv auf den Moment
konzentriert. „Ich komme in einer Stunde (in ein paar Minuten)
wieder“, sagt die Mutter zu ihrem Kind – und für dieses bricht
die Ewigkeit an, bis sie wiederkommt.

Julian, knapp 5 Jahre, noch nicht lange im Kindergarten, weiß jetzt, daß
seine Mutter ihn auch bestimmt wieder abholt, aber nach 10 Minuten fragte
er jeweils: „Ist es schon zwölf Uhr?“
Nach einiger Zeit hängten die ErzieherInnen der Einrichtung eine Uhr an
eine Ecke des Flures auf mit großen Zahlen und Zeigern und erklärten ihm

und anderen Kindern, wenn beide Zeiger zusammen oben auf der 12 stehen, dann kommt die Mutter zum Abholen.
Noch eine Weile lief Julian in die Ecke zur Uhr und schaute nach den Zeigern, die Abstände wurden jedoch deutlich größer mit der Zeit.

Kinder können im Spiel alles andere um sich herum vergessen, versunken in das, was sie gerade erleben – aus reiner Lust am Tun. Neu erworbene Fähigkeiten und Fertigkeiten werden ausdauernd wiederholt, wiederkehrende Ereignisse geben ihnen die Sicherheit des Vertrauten. Sie beschäftigen sich neugierig und spontan mit allem, was sie gerade interessiert. Sowohl Tempo als auch Gegenstand dieser Beschäftigungen fallen unter das, was Erwachsene aus ihrer Sicht häufig als Zeitverschwendung bezeichnen und sich oft nicht mehr gestatten. Hier lauert die Gefahr, den Kindern die Zeiteinteilung und die Zeitwerte der Großen zu früh aufzuzwingen. Das Kind wird sich mit allen Mitteln wehren, denn es hat „keine Wahl, es kann die Zeiterfahrung und -verarbeitung eines Erwachsenen nicht übernehmen" (2).

Die Reaktion auf den kindlichen unbekümmerten Umgang mit Zeit hängt sehr vom eigenen Verhältnis zur Zeit ab, davon, wie ErzieherInnen ihre Zeit leben.

✳ Überlegungen für ErzieherInnen:

• Was halte ich persönlich für Zeitverschwendung?
• Wie teile ich meine Zeit ein?
• Fühle ich mich eingeteilt, gehetzt?
• Womit verbringe ich meine Zeit?
• Wieviel Zeit am Tag
    – nehme ich für mich selbst,
    – verbringe ich mit Dingen, die ich tun muß,
    – verbringe ich in gutem Kontakt zu anderen Menschen,
    – langweile ich mich?
• Sind mir feste Zeiten wichtig?
• Wenn ich einen Kuchen male – wie groß ist das Stück Zeit, das ich wie ein Kind erlebnisorientiert und zeitlos verbracht habe, wie groß ist das Stück, wo ich mich nach der Uhr und nach äußeren Vorgaben gerichtet habe?

Aus diesen Erfahrungen und Lebensgewohnheiten heraus sind

Erwachsene hinsichtlich der Zeiteinteilung nicht nur Modell für die Kinder, sie geben auch zahlreiche Botschaften und Lebens-anweisungen dazu: „Beeil dich, wer zu spät kommt, geht leer aus …", „Trödel nicht rum", „Sei nicht lahm", „Du träumst ja den ganzen Tag nur rum", „Laß dir Zeit", „Kommt Zeit, kommt Rat", „Die Zeit heilt …", „Erst einmal darüber schla-fen", „Morgen ist auch noch ein Tag", „Zeit ist Geld".

Wieviel Anpassung an ein Kind kann ein Erwachsener leisten mit seinen Zeitgewohnheiten und -bedürfnissen? Wie groß ist die Herausforderung, die Infragestellung seiner Zeiteinteilung durch die Kinder?

Das Zeiterleben von Kindern und Erwachsenen ist oft sehr verschieden.

In Experimenten wurde herausgefunden, daß das Tempo, in dem die Zeit vergeht, sehr verschieden erlebt werden kann und die Dauer eines Erlebnisses länger oder kürzer eingeschätzt wird als die tatsächlichen mit der Uhr gemessenen Stunden, Minuten, Sekunden. Bei neuen, interessanten Ereignissen, die für die Per-son eine gefühlsmäßige Bedeutung haben, wird die Zeitspanne als „wie im Fluge" vergangen eingeschätzt, passiert in der gleichen Zeitspanne wenig, was die Person interessiert und persönlich berührt, wird sie als viel länger beschrieben und eingeschätzt. In der Erinnerung verkehrt sich diese Einschätzung; da, wo viel pas-siert ist und die Zeit schnell verging, gibt es viel zu erinnern; wo sich wenig ereignet hat, wird diese ursprünglich als lang empfun-dene Zeitspanne in der Rückschau kurz – es gibt wenig zu erin-nern. Ein Ausflugsvormittag z.B. geht für viele Kinder nach ihrem Empfinden schneller vorbei als die Schulstunden; über die-sen Ausflug können sie viel mehr und länger erzählen als von einem Schulvormittag. Kinder, die angeregt spielen, z.B. gerade entdecken, was man mit einem Topfdeckel tun kann (verschie-dene Geräusche erzeugen, ihn fallen lassen, ihn drehen, etwas zu-decken …) erleben diese Zeit kurz, während ein Erwachsener, der dabeisteht und zuschaut, sich eher langweilt und sich wundert, wie das Kind sich so lange damit befassen kann. Für ihn ist der Topfdeckel weder neu noch interessant, und wenn er könnte, würde er alles andere tun, als sich 20 Minuten mit einem Topf-deckel zu beschäftigen. Für kleine Kinder ermöglichen wenige, einfache Reize ein vertieftes Erleben.

Erwachsene brauchen, je nach Gewöhnung, wesentlich mehr und viel intensivere Reize und Eindrücke für ein interessantes Erlebnis.

Kinder sind Ereignissen, Angeboten, Bildern und Eindrücken ausgesetzt, die sie in der Geschwindigkeit der Abfolge im Alltag so schnell gar nicht verarbeiten können. Die Flüchtigkeit läßt tieferes Erleben nicht mehr zu. Kinder gewöhnen sich an ein hohes Reizniveau und verwechseln das, wie viele Erwachsene, mit Erleben selbst.

Wo viel passiert, gibt es auch etwas zu verpassen. Diese Angst steigert die Reizsuche eher, und da, wo keine ausreichende Zeit zum eigenen Eingreifen und Handeln, zum aktiven Verarbeiten bleibt, tritt die Eigeninitiative und -aktivität in den Hintergrund. Kinder werden zu Konsumenten, passiven Zuhörern und Zuschauern. Vieles, was passiert, entbehrt der persönlichen Bedeutung (wie z.B. im Fernsehen), vergeht zu schnell, um einen tieferen Eindruck zu hinterlassen, Pausen und Zwischenräume werden als langweilig empfunden.

Für die Erzieherin heißt es hier aufzupassen, sich nicht anstecken zu lassen, möglichst „viele tolle Aktivitäten" anzubieten, sondern durch Zuhören, Einfühlen, Interesse, Spiegeln, Begleiten usw. in der Beziehung mit den Kindern diese bei der Verarbeitung ihrer Erlebnisse zu unterstützen und sie immer wieder zu kleinen Projekten, die alle Sinne ansprechen und so Erleben vertiefen, einzuladen.

Fragen wir uns Erwachsene kritisch: An welches Tempo, an welches Reizniveau sind wir gewöhnt? Ist es möglich, in unserem täglichen Lebenstempo eine Blume zu entdecken, die auf einer Mauer wächst? Eine Kastanie auf ihre fünfzehn verschiedenen Gebrauchsmöglichkeiten hin auszuprobieren und uns über jede neue zu freuen?

Sicher können wir den Alltag nicht im Tempo und Stil der Kinder bewältigen, aber verteidigen wir ausreichend die Freiräume für die Kinder, z.B. die Zeit, die es braucht, eine Beziehung aufzubauen und zu gestalten? Wie oft, getrieben von der Befürchtung, Kinder entwickeln sich zu spät oder lernen zu wenig im Vergleich zu anderen, treiben ErzieherInnen sie an, überhäufen sie mit Angeboten und Forderungen?

Überforderung ist Folge einer Reizüberflutung, die zu passiven Reaktionen führt, zu Widerstand verschiedenster Art. Oft werden Kinder aus Ungeduld unterbrochen („Jetzt mach doch mal") oder weil der Zeitplan (Essen, abgeholt werden, aufräumen usw.) das so vorsieht. Oft mischen wir uns ein aus eigenen, oft unbewußten Motiven in die Angelegenheiten der Kinder.

Wie lassen sich im Kindergarten für Kinder Bedingungen schaffen, bei denen diese lernen können, ihre Zeit selbst einzuteilen, sie aktive Meister ihrer Handlungen bleiben und diese mit Gefühl auskosten können? Wie können Kinder dabei unterstützt werden, Befriedigung zu erfahren über ein Erlebnis, das sie sich selbst geschaffen haben? (z. B. Neigungsräume mit viel Zeit zur freien Gestaltung statt strukturierte Angebote, Projekte, die über längere Zeiträume laufen usw.)

Eine gute Beziehung zu einem Kind aufzubauen, erfordert Zeit. Vertrauen ist ein Pflanze, die langsam wächst und Pflege braucht. Oft wird argumentiert, daß die Verhaltensweisen, wie sie in den Bausteinen zur Gestaltung von Beziehungen beschrieben werden (Zuhören, Einfühlen, Beobachten, Klären, Interesse zeigen, sensibel mit Botschaften und Mitteilungen umgehen) mehr Zeit erfordern, als eine Erzieherin im Alltag leisten kann.

Erzieherinnen, die es ausprobiert haben, konnten von gegenteiligen Erfahrungen berichten. Kinder, die sich akzeptiert fühlen, müssen nicht um Wertschätzung und Aufmerksamkeit kämpfen.

Befehlen, drohen und alle anderen von Gordon's typischen Reaktionsmöglichkeiten erfordern in Wirklichkeit sehr viel mehr Zeit und Anstrengung, um sich durchzusetzen gegen Kinder, die wütend, unlustig oder verletzt sind, und die sich unverstanden und ungerecht behandelt fühlen.

Erz.: „Räum das weg hier!" (zusammengeknülltes Papier am Boden)
Johannes: „Nein – spiele gerade hier!"
Erz.: „Du räumst das jetzt sofort hier weg!"
Johannes: „Ich hab's nicht hingeworfen!"
Erz.: „Egal, ich hab' gesagt, du räumst das weg!"
Johannes: „Tu' ich nicht!"
Erz.: „Du bleibst so lange hier drin, bis es weggeräumt ist!"

Johannes spielt mittlerweile nicht mehr, sitzt wütend am Boden.
Johannes: „Ich hab' das nicht dahingeworfen …!"

Das kann noch lange so weitergehen. Die Erzieherin ist genervt. Eine Machtprobe ist in vollem Gange. Die Beziehung zwischen beiden wird verlieren. Der Junge wird der Erzieherin nicht mehr so schnell trauen, findet sie unfair und gemein.

Andere Version:

Erz.: „Hier liegt Papier, hast du das hingeworfen?"
Johannes: „Nein!"
Die Erzieherin hebt es selbst auf und wirft es in den Papierkorb,
oder
Erz.: „Du hast es nicht dahingeworfen. Hebst du es trotzdem auf und wirfst es in den Papierkorb als Mithilfe hier in der Gruppe?"
Johannes: „Ja – wenn's sein muß … gleich …"
Erz.: „Ich danke dir, ich tue auch wieder was für dich, wenn du es brauchst!"

Das Papier ist noch nicht im Papierkorb, aber die Aussicht, daß es da landet, ist groß. Die Erzieherin greift nicht das Selbstwertgefühl des Kindes an, sie formuliert ihre Erwartungen und lädt es ein, ebenfalls einen positiven Beitrag innerhalb der Beziehung zu leisten. Wenn er das Papier nicht dahingeworfen hat, was sie vorher klärt, ist es eine hilfsbereite Geste von Johannes, es aufzuheben. Eine Bitte, eine Erwartung und ein Dank pflegen die Beziehung.

Noch einige Vorschläge sollen Anregungen liefern, Kindern Pausen vom Alltag der Erwachsenen einzuräumen, in denen sie sich selbst in Ruhe erleben können:

♦ Ruheraum, Ruheecke:

Ein eigener Ruheraum oder eine Ecke im Raum sind so eingerichtet, daß ein Kind, das für sich sein möchte und Ruhe sucht, sich hierher zurückziehen kann. Es gilt die Spielregel: Wer hier sitzt oder liegt, möchte für sich sein.

Ruhekissen: Wer sich ausruhen und für sich sein will, nimmt ein bestimmtes Kissen und setzt sich an einen Platz seiner Wahl.

Jede Einrichtung bräuchte einen Raum, eine Ecke (hell, mit wenig Einrichtung, Pflanzen o. ä.), wohin Kinder sich zurückziehen können, wenn sie wollen, alleine oder durchaus mit anderen gemeinsam, wenn ihnen alles zuviel wird.

Viele Kinder sind einem hohen Lärmpegel und sehr vielen Reizen ausgesetzt; wie sie dabei ihre Ruhe und Konzentration finden, alle diese Reize zu verarbeiten, bleibt ihr Problem. Sie können ihren persönlichen Rhythmus von Aktivität und Ruhe nicht mehr selbst bestimmen, und ihr Gefühl für diese Bedürfnisse geht verloren. Die bisherigen Erfahrungen mit Ruheräumen, -ecken, -kissen waren für Erzieherinnen und Kinder positiv. Die Kinder waren bereit, die Spielregeln und Bedürfnisse der anderen zu respektieren, wenn die Erwachsenen hinter der Idee standen und die Möglichkeit Teil des Alltags war, d. h. Ruhe nicht verordnet wurde, sondern gewählt werden konnte von den Kindern, ausgehend von ihren eigenen Bedürfnissen.

♦ Herzschlag:

Alle sitzen zusammen und jedes Kind lauscht seinem Herzschlag.
„Kannst du dein Herz schlagen hören? Fühl mal!"
Ein Kind legt sein Ohr an den Brustkorb eines anderen.
„Hörst du das Herz von Jan schlagen?"
„Schlägt es laut oder leise?"

♦ Atem:

Alle sitzen still und lauschen auf ihren Atem.
„Atmet mal ganz laut und dann ganz leise.
Hörst du, wie Merle atmet?"

Das Schlagen des Herzens und Atmen sind elementare Lebensvorgänge. Sie aufmerksam wahrzunehmen, erfordert Zeit und Ruhe und heißt, in Kontakt mit dem eigenen Körper sein.

Bei der Beschäftigung damit brauchten die meisten Kinder keine Hinweise, leise zu sein. Sie erlebten selbst, entdeckten selbst, daß sie einen leisen Vorgang auch nur so wahrnehmen konnten.

♦ Hände.

Ein Kind nennt eine Stelle seines Körpers und ein anderes Kind oder mehrere legen ihre Hände dahin oder streicheln oder massieren diese Stelle.

Berühren, einander nahe sein kann nicht in Eile erlebt werden.

Hektische Aktivitäten sind eine Möglichkeit, zwischenmenschlichen Kontakt so zu reduzieren, daß er oberflächlich bleibt.

Wieviel Zeit nehmen wir Erwachsenen uns für Nähe und Begegnung mit Kindern und mit anderen Erwachsenen?

Eine andere als die von der Uhr vorgeschriebene Zeit können Kinder in der Natur erleben. Tiere und Pflanzen haben ihre eigene Zeiteinteilung, hier gibt es Hunger- und Melkzeiten, Keim-, Wachs- und Blütezeiten, Erntezeit und die Urzeit der Steine.

♦ Tiere beobachten:

Im Garten, am Fenster, beim Spaziergang beobachten die Kinder zusammen mit den ErzieherInnen Tiere. Sehr schnell werden alle merken, daß sie dabei manchmal sehr leise und ohne viel Bewegung bleiben müssen, sonst, z.B., fliegt der Vogel davon.

♦ Kinder spielen mit einem Tier, einem Käfer auf der Hand, einem Wurm, streicheln eine Katze, einen Hund, schauen zu, lauschen den Tönen ...:

Kontakt mit Tieren erfordert Behutsamkeit, langsame Bewegungen und wird oft mit einem schönen Erlebnis belohnt.

In lauter, hektischer Betriebsamkeit geht auch Kindern schon früh ihre Beziehung zur Natur verloren. Natur beobachten, erlauschen, erleben erhält das Gefühl, selbst Teil davon zu sein und achtsam damit umzugehen.

♦ Pflanzen und Bäume:

Wachsen braucht Zeit.

Samenkörner oder Setzlinge einpflanzen und täglich beobachten, wie die Pflanze wächst, sie anschauen, sachte anfassen ...

Pflanzen und Blumen in der Umgebung anschauen, anfassen, riechen ... .

Bäume anschauen, sich anlehnen, die Blätter rascheln hören, Blätter sammeln im Herbst, Früchte sammeln, Stöcke und Äste suchen zum Höhlen bauen usw. ...

♦ Zeit für Geschichten, für Phantasien, für Träume ...

Daß Kinder miteinander Kontakt aufnehmen und Beziehungen pflegen, ist selbstverständlicher Alltag im Kindergarten. Die ErzieherInnen sind täglich Zuschauer, wie Kinder ihre Beziehungen gestalten. Sie sind Begleiter auf den verschiedenen Entwicklungsstationen, trösten bei Enttäuschungen und Kummer, nehmen teil an Freude und Vergnügen, unterstützen bei der Lösung von Konflikten oder greifen ein, wo es nötig wird. Über ihre Anwesenheit, über gezielte Angebote und über die Struktur der Einrichtung (altersgleiche oder altersgemischte Gruppen, Ausmaß an gemeinsamen Aktivitäten oder hauptsächlich Freispiel usw.) gestalten sie die Beziehungen zwischen Kindern mit und beeinflussen ohne Absicht auch die Kinder durch eigene Vorstellungen und Einstellungen z. B. über Freundschaft.

✳ Überlegungen für ErzieherInnen:
- Wie waren meine Beziehungen und Kontakte im Kindergartenalter und später?
- Wer waren meine besten Freundinnen und Freunde?
- Warum waren wir Freunde?
- Welche heutigen Gedanken und Ideen stammen aus dieser Zeit?
- Welche Beziehungen bzw. Freundschaften pflege ich heute?
- Was ist eine beste Freundin für mich?
- Was denke ich über Kinderfreundschaften allgemein?

Die Entwicklung von Beziehungen zwischen Kindern

Wissen über die Entwicklung und Bedeutung von Beziehungen zwischen Kindern kann ermöglichen, mit der eigenen Rolle dabei bewußter umzugehen.

In der Mutter-Kind-Beziehung erlebt das Kind Umgangs-
weisen (anlächeln, Blickkontakt suchen und reagieren, nachahmen, Dialog, Geben-Nehmen-Spiele, Aufmerksamkeit auf sich
lenken, liebkosen, trösten, trauern (1)), die es auch mit anderen
erwachsenen Bezugspersonen, aber auch mit anderen Kindern
ausüben kann; d. h. diese Beziehung ist Vorbild für den Umgang
mit anderen Menschen, wichtige soziale Fertigkeiten werden
hier gelernt.

Wie in den früheren Kapiteln des Buches beschrieben, spielen
die Erfahrungen in der Mutter-Kind-Beziehung eine wesentliche Rolle dafür, ob ein Kind eine sichere oder unsichere Bindung entwickelt.

Untersuchungen ergaben, daß eine sichere Vertrauensbeziehung eine wesentliche Voraussetzung für gelingende Gleich-
altrigenbeziehungen ist. Zum einen haben die Kinder schon
Fertigkeiten erworben, die ihnen die Aufnahme und Pflege von
Kontakten erleichtern, zum anderen fühlen sie sich ausreichend
sicher und geborgen, um sich auf das Abenteuer der Begegnung
mit anderen Kindern einlassen zu können. Für unsicher gebundene Kinder, deren Erfahrungen mit den wichtigsten erwachsenen Bezugspersonen bereits zwiespältig waren, wird es eher
schwierig sein, den Kontakt zu anderen Kindern zu gestalten.
Sie verhalten sich z. B. eher zurückgezogen und ziehen es vor,
sich alleine zu beschäftigen, oder sie provozieren und erfahren
eher Ablehnung von anderen Kindern.

Hier spielt dann wieder die Beziehung zur Erzieherin eine
Rolle. Inwieweit ist sie eine Bezugsperson, die einem Kind ausreichend Schutz und Begleitung bietet und sein Vertrauen gewinnt, so daß es auf dieser Basis positive Beziehungsmuster lernen
und entwickeln kann? Das klingt wie ein sehr hoher Anspruch –
und ist dennoch Teil der täglichen Arbeit der Erzieherin.

Die Beziehung zwischen Erwachsenen und Kindern ist die
früheste im Leben und zunächst Basis für alle späteren Erfahrungen, aber Kinder brauchen ebenso die Beziehung zu anderen
Kindern. Hier findet der Austausch auf gleicher Ebene statt, im
Gegensatz zu der ungleichen (asymmetrischen) Beziehung zu
Erwachsenen. Lernerfahrungen im Kontakt mit anderen Kindern bieten wesentliche Momente, die ihre Lern- und Entwick-
lungsmöglichkeiten bereichern und ergänzen.

Sie erleben eine neue und andere Palette sozialer Wirklichkeit:

- Freude und Enttäuschung,
- Zuneigung und Ablehnung.
- Sie müssen sich eindeutig mitteilen, denn andere Kinder sind nicht so einfühlend wie Eltern und Erzieher.
- Sie können sich vergleichen, was wichtig für ihre Selbstbewertung und die Entwicklung ihres Selbstbildes ist.
- Sie lernen und üben, sich in die Lage eines anderen zu versetzen, nachzugeben, sich einzustellen auf die (Spiel-) Wünsche anderer,
- oder sich zu behaupten, durchzusetzen und zu wehren.
- Sie lernen teilen: Dinge, Wissen, Geheimnisse, Kummer und Freude.
- Sie erwerben viele neue Fähigkeiten und Fertigkeiten mit anderen, die genauso unerfahren sind wie sie und nicht schon alles viel besser können wie die Erwachsenen.

Gleichberechtigte Beziehungen regen an zu sprachlichem Austausch, zu gegenseitiger Verständigung, zu Mitgefühl und zur Entwicklung von Gedanken der Gleichberechtigung und Gerechtigkeit. Kinderbeziehungen können hilfreich, aber manchmal auch schädlich sein. Sie beeinflussen oft die spätere Einstellung zu Liebe und Freundschaft.

Längere Zeit ging man davon aus, Babys und Kleinkinder seien nicht an sozialen Kontakten interessiert. Diese Annahmen sind mittlerweile widerlegt. Babys sind sowohl interessiert, als auch fähig zu sozialen Beziehungen.

Babys betrachten ihresgleichen zunächst wie ein Ding und untersuchen es interessiert. Spielsachen fördern den Kontakt, auch wenn sie zunächst parallel nebeneinander spielen oder über Geben und (Weg-)Nehmen in Beziehung treten; aber auch ohne Gegenstände berühren sich Kinder, lächeln sich an, gestikulieren, geben Töne von sich oder ahmen einander nach (2).

Der Kontakt mit einem anderen Baby ist ein aufregendes Abenteuer, denn es ist nicht handhabbar wie ein Ding, nicht so willig und vertraut wie die Eltern, sondern eher unberechenbar in seinen Reaktionen und von daher sehr anregend. Auch Mitgefühl für Bedürfnisse und Empfindungen sind bereits vorhan-

den: Babys reagieren, wenn ein anderes weint. Sie drehen den
Kopf, zeigen Unwohlsein oder weinen ebenfalls.

Häufige Kontakte fördern die Vertrautheit. Zunächst sind die
Kontakte noch relativ kurzzeitig und beliebig. Kinder haben im
Vorschulalter noch keinen klaren Begriff von einer dauernden
Beziehung. Sie tauschen Gegenstände oder streiten sich um den
Besitz von etwas, das man nur alleine handhaben kann. Ein
Freund ist der, „der mit mir spielt" ... oder, auch nach 10 Minu-
ten, „nicht mehr mein Freund, der ist gemein ...".

Sarah (6½ Jahre): „Sonja hat gefragt, wollen wir Freunde sein und hat ihre
Puppe geholt, und dann haben wir gespielt. Und dann hat sie gesagt, ach so,
du willst ja doch nicht ... ich bin nicht mehr deine Freundin ..., und dann
ist sie weggegangen."

Dennoch gibt es auch in diesem Alter Kinder, die sich zueinander hingezogen fühlen, die sich gegenseitig unterstützen und
anregen, in Entwicklung und Verhalten einander ähnlich sind;
wenn sie sich dann auch noch öfter sehen, z. B. im Kindergarten
oder privat, entstehen hier bereits intensive und langandauernde
Freundschaftsbeziehungen.

Vanessa: „Katharina ist meine beste Freundin, weil sie oft übernachtet bei
mir und ich bei ihr."
Felix: „Bester Freund ist, wenn ihr euch sehr gerne mögt, euch mit einem
Jahr kennengelernt habt, und wenn wir uns nicht streiten, nur einmal im
Jahr ..."

Ab ca. 6 Jahren gewähren sich Kinder gegenseitig Hilfe, wenn
einer sie gerade benötigt, ob in Form von Ausleihe oder Weiter-
gabe von Besitz und zeitweise längerem Zusammenspielen, z. B.
in der Puppenecke oder auf dem Bauteppich.

Mit zunehmendem Alter (Grundschulzeit) lernen die Kinder,
sich beim Spielen aufeinander einzustellen und anzupassen; die
Gruppe wird wichtig.

Erst ab ca. 12 Jahren wird die Beziehung selbst und der/die
andere als Person wichtig. Feste Freundschaftsbeziehungen entstehen, indem sie sich gegenseitig persönliche Gedanken und
Gefühle anvertrauen, Leistungen, Fähigkeiten und Eigenheiten
des anderen respektieren. Bei Jungen spielt die Solidarität miteinander im Abgrenzen gegenüber Erwachsenen eine wesent-

liche Rolle (3) wie auch gemeinsame Streiche und Abenteuer;
bei Mädchen der Austausch von Gefühlen, die gefühlsmäßige
Intimität.

Der gesamte Prozeß, in welchem Kinder zueinander in Beziehung treten und Freundschaften entwickeln, verläuft in
enger Verknüpfung mit der motorischen, sozialen, emotionalen,
sprachlichen und geistigen Entwicklung; z. b. von einem Ich-
zentrierten Standpunkt ausgehend, etwas aus der Sicht eines
anderen zu sehen, bis dahin, eine Beziehung mit den Augen
Dritter zu betrachten; vom ganz konkreten Tun miteinander bis
zu den Beziehungen von Jugendlichen, die nachdenken über
Werte und die Bedeutung von Freundschaftsbeziehungen.

Freunde werden immer wichtiger im Verlauf der sozialen
Entwicklung. Freunde geben Sicherheit, sind Spielpartner, An-
fänger, die die eigene Kompetenz bestätigen, weil man sich vergleichen kann. Sie regen an, neue Fähigkeiten und Fertigkeiten
auszuprobieren, machen Mut, mit ihnen können Ansichten,
Ideen, Besitz und Geheimnisse geteilt werden. Freunde sein,
heißt einander gut zu kennen, seine Ängste, Schwächen und
Stärken. Kinder schließen sich zusammen, die sich in ihren Ähn-
lichkeiten anziehen, aber auch Kinder, die sich ergänzen, ge-
gensätzliche Eigenheiten haben und voneinander lernen können;
z. B. der unternehmungslustige Michael genießt den Kontakt mit der sanf-
ten und kreativen Tanja.
Sie können oft über längere Zeiträume hinweg zusammensitzen und malen
oder ausschneiden, umgekehrt zieht er sie mit auf das Klettergerüst:
„Komm, ich helfe dir …"

Beziehungsprobleme

Die nötigen sozialen Fertigkeiten im Umgang mit Gleichaltrigen zu erwerben ist Erfahrungslernen am Modell und Lernen
durch Versuch und Irrtum. Diese Erfahrungen sind nicht immer
schön und angenehm für die Kinder, sie sind auch hart und
schmerzlich bisweilen; wenn z. B. der beste Freund, die beste
Freundin wegzieht, plötzlich abweisend reagiert oder sich
abwendet und sich für andere Kinder oder Aktivitäten interessiert.

Manche Kinder finden sich damit ab und suchen neue Freunde, andere beginnen zu grübeln: warum mag sie/er mich nicht mehr? Wieder andere reagieren mit Gefühlen von Einsamkeit, Wut, Verzweiflung, Depression u. ä.. Kinder brauchen in dieser Zeit ErzieherInnen, die ihnen zuhören, ihre Gefühle ernst nehmen und Verständnis dafür zeigen, daß sie sich traurig, verletzt oder zornig fühlen. Wenn sie durch die wertschätzende Begleitung der Erzieherin die Chance erhalten, diese Phase zu durchleben und zu bewältigen, können sie daran reifen.

Darüber hinwegzugehen oder zu trösten in der Form: „Ach komm, du wirst schon wieder neue Freunde finden!" lassen das Kind noch einmal mehr alleine und unverstanden in seinem Kummer. Lebenseinstellungen wie „Keiner mag mich, ich bin's nicht wert, ich bin blöd …" können so verstärkt werden.

Da Kinder in jeder Entwicklungsphase andere Interessen und Bedürfnisse haben, wechseln auch ab und zu die Freunde; werden Kinder jedoch häufig zurückgewiesen, verlieren oft ihre Kontakte und Beziehungen oder brechen sie von sich aus ab und weisen selbst Kinder ab, so liegen tiefere Probleme vor. Sinnvoll ist hier, aufmerksam zu schauen, welche Einstellungen des Kindes oder welche anderen Lebenshintergründe hier wirksam werden.

Es gibt beliebte Kinder (meist sicher gebundene), die schon einiges wissen darüber, wie sie Freundschaften schließen können und dies auch praktisch nutzen. Sie reagieren positiv auf andere, entwickeln gute Ideen, zeigen Zuneigung, gehen auf Wünsche ein, ohne aufdringlich zu sein. Sie sind weniger abhängig von den ErzieherInnen, denn sie wissen sich selbst zu helfen und sind selbständig und kreativ im Lösen von Konflikten. Sie befolgen jedoch Anweisungen und reagieren freundlich in der Beziehung zu den ErzieherInnen. Sie wissen, akzeptiert werden heißt auch, andere zu akzeptieren.

Hannah spielt mit einem anderen Mädchen im „Haus". Nina steht dabei und schaut zu.
Hannah: „Willst du mitspielen?"
Nina nickt.
Hannah: „Dann mußt du …"
Hannah erkennt das Bedürfnis des Mädchens und lädt sie freundlich ein.

Hannah ist ein beliebtes Kind, mit dem andere gerne spielen, weil sie Ideen
entwickelt, andere einbezieht; z. b. Sven, der herumrennt und Kampfbewe-
gungen macht
Hannah: „Du bist unser Beschützer, wenn ein Feind kommt, dann paßt du
auf. Du mußt stark sein und aufpassen."
Sven fühlt sich gut in dieser Rolle, die Hannah positiv definiert, und er
wird ins Spiel miteinbezogen.
Nach einer Woche spielte er den Vater im Rollenspiel und genoß es.

Anderen Kinder (oft unsicher gebundenen) wiederum fällt es
schwer, Kontakt aufzunehmen und Beziehungen zu pflegen.
Ihnen fehlt die Geschicklichkeit im Umgang mit anderen Kindern. Sie sind entweder still und entwickeln wenig Initiative,
oder sie verhalten sich aggressiv, rechthaberisch, bestimmend,
lachen andere aus, drohen ihnen und zerstören das Spiel von
anderen, obwohl sie eigentlich mitspielen wollen. Ihr Spektrum
an Verhaltensweisen, die Gleichaltrige mögen und anerkennen,
ist gering, und sie benötigen oft Hilfe von ErzieherInnen, um
Selbstvertrauen zu entwickeln und die notwendigen Fähigkeiten zu erlernen (4).

Hierbei ist wichtig, auf die Bedürfnisse und Situationen der
Kinder einzugehen, denn auch äußere Faktoren spielen eine
große Rolle (Aussehen, Familienhintergrund, Lebensgewohnheiten usw.).

ErzieherInnen können
• Kinder miteinander bekannt machen,
• Kindern soziale Aufgaben geben (z. B. Pate sein für ein neues
  Kind),
• mit den Kindern reden, allein oder im Gesprächskreis, wie
  man es anstellen kann, um z. B. mitmachen zu können, auch
  anhand einer kleinen erfundenen Geschichte.

Zwei Jungs graben einen Tunnel im Sand, um mit ihren Autos zu spielen.
Sie kennen sich gut und spielen öfter zusammen. Jens ist noch neu im Kindergarten, aber er kennt den einen Jungen, weil er ihn öfter auf dem Nach-
hauseweg trifft. Was kann denn Jens tun, wenn er mitspielen will?
„Einfach mitspielen" – und wenn sie ihn nicht lassen und sagen: „Hau ab,
wir spielen alleine?"
„Er kann zugucken, fragen, ob er mitmachen darf." „Ich sag dann einfach,
du bist jetzt mein Freund ... dann läßt er mich mitspielen ..."

Sehr wichtig ist, Kinder nicht vor anderen bloßzustellen oder abzustempeln (Erz.: „Na ja, so wie du bist, ist ja auch kein Wunder, wenn niemand mit dir spielen will").

Damit wird ein Kind auf eine Rolle festgelegt. Dies kann weitreichende Konsequenzen haben – bis ins Erwachsenenalter hinein. Genaues Beobachten und der Austausch mit KollegInnen helfen festzustellen, welche Ideen und Möglichkeiten ein Kind von sich aus entwickelt, Kontakte und Beziehungen aufzunehmen, und welche ihm fehlen. Es gilt, das Kind dabei zu unterstützen, seine Beziehungsfähigkeit auszubauen.

- Welche Botschaften braucht das Kind?
- Welche Unterstützung, Erlaubnis und Ermunterung fehlt ihm?
- Welche negativen Strategien hat ein Kind entwickelt, um negative Aufmerksamkeit zu erlangen?
- Was will ein Kind, das schlägt und stört, eigentlich und wie kann die Erzieherin darauf reagieren?
  (Ansprechen, klare Regeln und Grenzen setzen und mitteilen, herausnehmen aus der Situation usw.)
- Wie können ErzieherInnen positive Ansätze von Kindern fördern?

Ein Junge, der häufig andere rempelt und umrennt, bleibt stehen und setzt sich neben ein Kind, das weint. Die Erzieherin bedankt sich bei ihm für seine Fürsorge und gibt ihm besondere Anerkennung.

Manche Kinder spielen gerne allein, dies zu respektieren ist auch sehr wichtig. Die eingangs gestellten Fragen zu den Einstellungen und Erfahrungen von ErzieherInnen in bezug auf Freundschaften werden hier wieder bedeutsam, z. B. wenn eine Erzieherin, die als Kind sehr schüchtern war und Schwierigkeiten hatte, Kontakte zu knüpfen, dies heute bei allen Kindern fördert – ob diese wollen oder nicht – oder wenn ErzieherInnen die verbreitete Einstellung teilen, man müsse alles tun, um beliebt zu sein. Das Hinterfragen eigener Einstellungen hilft, sich selbst und das Kind als ganz eigene Persönlichkeit zu sehen und annehmen zu können und Eigenwilligkeiten auch nicht zu schnell als Problem abzustempeln.

Zusammenleben im Kindergartenalltag geht nie ohne Konflikte ab.

* Streit um Spielzeug,
* ein Kind nimmt einem anderen etwas weg,
* ein Kind stört die anderen beim Spielen,
* ein Kind wird abgewiesen,
* absichtliches oder unabsichtliches Zerstören,
* ein Kind ärgert ein anderes,
* ein Kind hält sich nicht an die vereinbarten Spielregeln,
* ein Kind will bestimmen,
* ein Kind macht plötzlich nicht mit (z. B. beim Aufräumen),

und viele Situationen mehr.

Gibt es z. B. eine Konfliktsituation, weil die Bedürfnisse sich gegenseitig ausschließen, kann dies eine gute Gelegenheit sein, Probleme lösen zu lernen.

Carola: „Ich hab das Rad zuerst gehabt …"
Dennis: „Jetzt hab ich's …"
Erz.: „Du schon wieder, wann lernst du endlich, daß du anderen nichts wegnehmen darfst … gib's ihr zurück …" (Abwertung, Befehl)
Dennis schaut unsicher, und Carola nimmt sich das Rad zurück. Sie schneidet ihm eine Grimasse und fährt davon. Dennis bückt sich und wirft ihr eine Handvoll Sand hinterher.
Erz.: „So, du kommst jetzt mit und setzt dich hierher."

Die Erzieherin löst das Problem. Ein Gespräch findet nicht statt, Dennis erhält eine negative Zuwendung und bleibt alleine.

Ein anderer Weg wäre:
Carola: „Ich hab das Rad zuerst gehabt …"
Dennis: „Jetzt hab ich's …"
Erz.: „Moment mal, jetzt wollt ihr beide mit dem Rad fahren, wie kann das gehen?" (bringt sich und die Kinder in Kontakt, formuliert das Problem)
Dennis: „Jetzt hab ich's!"
Carola: „Ich hab's zuerst gehabt …"
Erz.: „Was kann man denn tun, wenn zwei Kinder mit einem Rad fahren wollen?" (Sie formuliert das Problem erneut)
Carola: „Teilen."
Dennis: „Quatsch, das Rad kann man doch nicht teilen."
Carola setzt an, eine Problemlösung zu entwickeln, Dennis blockt.
Carola: „Abwechseln, erst ich, dann du!"

Dennis: „Nein, erst ich, dann du."

Erz.: „Abwechseln wäre eine Lösung, aber ihr seid euch noch nicht einig, wer zuerst fahren darf."

Dennis: „Ich eine Runde, dann du."

Carola: „... aber nur eine!"

Dennis saust los und gibt kurz danach das Rad an Carola ab. Die Lösung ist vielleicht nicht absolut gerecht, aber der Kontakt bleibt und damit die Chance für eine weitere Beziehung zwischen den Kindern. Die Erzieherin hat die Kinder unterstützt und ernstgenommen in ihrem Bemühen, eine Lösung zu finden.

So viel Zeit für Gespräche bleibt nicht in der Hektik des Alltags, ist ein häufiges Argument zu solchen Situationen. Nur, die erste Version, in der die Erzieherin das Problem löst, kostet viel Anstrengung. Befehle durchzusetzen und sich mit Kindern auseinanderzusetzen, die sich zurückgewiesen fühlen und sich bei nächster Gelegenheit revanchieren, ist noch zeitaufwendiger und kostet viel Energie und Aufmerksamkeit. Außerdem leidet die Beziehung darunter sehr.

Sicher sind Konflikte nicht immer zur Zufriedenheit aller zu lösen, aber Kinder orientieren sich an der Art, wie die Erzieherin reagiert. Wenn sie sich selbst nicht unter Druck setzt, sofort den Schiedsrichter spielen und eine Lösung parat haben zu müssen, sondern wenn sie die Kinder begleitet und anregt, ihre Konflikte durch Zuhören, Widerspiegeln, Klären und Mitteilen zu lösen, dann ist sie ein positives Modell dafür, wie gute Beziehungen aussehen können.

Kindergruppen

Kindergartenkinder verbringen sehr viel Zeit zu zweit. In Untersuchungen wurde festgestellt (5), daß Kinder, sobald sie überhaupt beobachtbares Interesse an Gleichaltrigen zeigen, offenbar auch in der Lage sind, sich so zu verhalten, als hätten sie einfache Vorstellungen von einer Gruppenstruktur. Die Rollen und Positionen in einer Gruppe sind bereits im Kindergartenalter so wichtig, daß man sich mit Kindern darüber unterhalten kann. Das Ausmaß an Aufmerksamkeit, die ein

Kind durch Gruppenmitglieder erhält, ist ein gutes Maß für das soziale Ansehen. Die meiste Beachtung erhielten sozial kompetente Kinder, nicht die dominanten oder aggressiven.

Gruppen bieten eine Fülle von Lernerfahrungen, positive wie negative, und das Gefühl dazuzugehören kann Kinder bei ihrer Identitätsentwicklung unterstützen. Gruppen können sich abgrenzen nach außen, Gemeinsamkeiten werden betont, eigene Normen aufgestellt, und es wird eine Solidarität untereinander entwickelt, die mit bestimmten Aufgaben verbunden ist.

Eine Gruppe von vier Mädchen (alle 6 Jahre) entwickelte die Idee, ein „Krankenhaus" zu eröffnen. Sie stellten ein Kinderbett in eine Ecke, sammelten Gegenstände (Arztkoffer, Verbandsmaterial usw.) und grenzten sich als Ärztinnen gegen alle anderen Kinder – Patienten – ab. Wochenlang greift diese kleine Gruppe ihr Spiel immer wieder auf und bestimmt die Regeln. Die Mädchen unterstützen sich bei der Arbeit, lassen sich Bücher vorlesen und begleiten sich gegenseitig zum Zahnarzt. „Wir sind das Krankenhaus."

Für manche Kinder ist es nicht leicht, zu einer Gruppe Zugang zu finden, manchmal geht dies nur durch Aufnahmerituale. Besonders bei Schulkindern und Jugendlichen kommt der Gruppe große Bedeutung zu, wobei die Spielregeln und Gruppen mitunter auch sehr problematische Formen annehmen können, z. B. bei Bandenbildung.

Bisher war von Gruppen die Rede, die Kinder selbst bilden. In vielen Einrichtungen gibt es jedoch auch von außen zusammengestellte Gruppen (Kindergruppen, Klasse).

Während einige Zeit in den Kindergärten feste Gleichaltrigengruppen bevorzugt wurden, wandten sich inzwischen viele Vorschuleinrichtungen altersgemischten Gruppen zu (wie auch in der Familie und in vielen Kulturen üblich).

Gleichaltrigenfreundschaften werden hier nicht ersetzt, wie man feststellte, sondern ergänzt durch Freundschaften mit älteren oder jüngeren Kindern.

- Die Kinder können sich hier Ebenbürtige suchen, z. B. der starke Junge sich mit einem älteren in seinen Kräften messen.
- Jüngere lernen von Älteren durch Nachahmen.
- Ältere können neue Rollen und Verhaltensweisen einüben,

wie helfen und Verantwortung übernehmen und dafür positive Bestätigung erlangen.

- Ältere Kinder erklären oft einfacher als Erwachsene bestimmte Zusammenhänge.
- Jüngere nehmen leichter etwas von älteren Kindern an, da diese nicht so weit entfernt sind wie die Erwachsenen.
- Fürsorglichkeit und Hilfsbereitschaft wird gefördert, z. B.: Hendrick kniet vor Stefan und hilft ihm die Schuhe anziehen – das gibt beiden ein gutes Gefühl!
- Ältere und Jüngere können sich gut gegenseitig trösten und unterhalten.

Aber

- Ältere hänseln und ärgern auch manchmal Jüngere, spielen ihre Überlegenheit aus, endlich einmal der/die Bessere zu sein. Dies kann z. B. seine Ursachen in mangelndem Selbstbewußtsein von älteren Kindern haben, die sich auf diese Art beweisen wollen, was sie schon können. Sie brauchen Bestätigung für ihre Person und ihre Fähigkeiten, klare Grenzen, was ihr Verhalten Kleineren gegenüber betrifft, und sinnvolle kleine Aufgaben, um ihre Überlegenheit auf positive Art und Weise ausleben zu können.

Erz.: „Karin, Melina ist zwei Jahre jünger als du, sie lernt das noch (Information), andere verletzen ist nicht erlaubt (allgemeingültige Regel und Struktur). Ich habe eine Idee, hier gibt es etwas für Größere. Willst du mal sehen, ich glaube, das kannst du schon" (lädt sie ein, sich etwas Altersgemäßem zuzuwenden, ohne sie abzuwerten).

- Ältere nehmen plötzlich wieder Verhaltensweisen von jüngeren Kindern an.

Manchmal fühlen sich Kinder von allen altersentsprechenden Erwartungen überfordert, dann wächst der Wunsch, nur Dinge zu tun, die sie gut beherrschen und wieder so viel Fürsorge und Hilfe zu erhalten wie die Jüngeren. Dauern diese „Rückfälle" nicht zu lange, so daß ein Kind sich weigert, weiter zu wachsen, brauchen Kinder diese Pausen und die Zuwendung. Sie gehen hin und her in ihrer Entwicklung, um ihre eigene Balance zu finden.

- Jüngere Kinder ärgern die Älteren, stören sie oder machen ihr Spiel absichtlich oder unabsichtlich kaputt

Jüngere Kinder sind mitunter neidisch auf die Älteren, bewundern, was diese schon alles können und dürfen und wollen dies ebenfalls. Da dies häufig mißlingt, drücken sie ihre Enttäuschung in Wut aus und stören die Älteren. Sie brauchen Grenzen und klare Informationen darüber, was sie mit ihrer Wut tun können.

Erz.: „Ich sehe, du bist sauer, wir haben hier die Spielregel, daß kein Kind dem anderen etwas kaputt macht. Was kannst du sonst tun, wenn du wütend bist." (Die Erzieherin verbietet dem Kind nicht das Gefühl, sondern sie erinnert es an die Spielregeln und geht auf das Kind ein, mit ihm zusammen Ausdrucksmöglichkeiten für seine Empfindungen zu finden, die andere nicht beeinträchtigen.)

Einigen Kindern fehlen hier die Alternativen, sie kennen z. B. nur tätliche Angriffe auf andere. In solchen Konfliktsituationen kommen auch mitunter häusliche Geschwisterrivalitäten zum Ausdruck.

Alles in allem sind die Erfahrungen mit altersgemischten Gruppen sehr positiv und bieten zusätzlich eine Fülle von Anregungen und Beziehungsmöglichkeiten.

✳ Überlegungen für ErzieherInnen:

- Wie sieht die äußere Struktur der Gruppen in Ihrer Einrichtung aus?
- Welche Kleingruppen von Kindern haben sich selbst gebildet?
- Gibt es Kinder, die besonders beliebt sind und/oder Anführerstatus haben?
- Welche Verhaltensweisen führen zu besonderer Beachtung?
- Spielen Jungen und Mädchen in Gruppen zusammen – von sich aus, nach besonderer Anregung?
- Wenn altersgemischte Gruppen da sind:
  - Wie ist der Kontakt zwischen älteren und jüngeren Kindern?
  - Gibt es besondere Freundschaften zwischen altersunterschiedlichen Kindern?
- Gehören Sie selbst einer Gruppe an?

9 Beziehungen zu Dingen

Die Art und Tiefe der persönlichen Beziehung und Bindung zu den wichtigsten Bezugspersonen spiegelt sich in der Beziehung des Kindes zu Dingen (1), ganz besonders zu seinen Lieblingsgegenständen (Schmusetier, Decke usw.) wider. Die gefühlsmäßige Beziehung zu Gegenständen beeinflußt wesentlich die geistige und soziale Entwicklung des Kindes. In der Literatur wird die Entwicklung einer Bindung an Gegenstände ganz ähnlich der zu Bezugspersonen gesehen. Sie wurzelt in den Erfahrungen im Umgang und in der Auseinandersetzung damit, erwächst aus der Vertrautheit mit den Dingen und mit der Sicherheit, sie zu handhaben und zu kontrollieren. Die quietschende Gummimaus, die ein Kind selbst drücken und so Töne produzieren lassen kann, so oft es will, die es holen, wegwerfen und schmecken kann, verliert ihren ersten Schreck.

Zunächst einmal sind Haben-wollen und damit Handeln-wollen eng verbunden. Das Kind verliert das Interesse, sobald es aufhört, mit einem Gegenstand zu spielen und sobald er aus seinem Gesichtskreis verschwindet. Erst allmählich, wenn die Kinder einen Begriff entwickeln, die Namen kennen und eine Erinnerung haben [mit ca. 14 Monaten (2)], beginnen sie, nach Dingen zu verlangen, die nicht da sind, und je nach Bindung daran vermissen sie diesen liebgewonnenen Gegenstand, wenn er nicht da ist. So ist die Beziehung zu Gegenständen untrennbar verbunden mit der Entwicklung des Denkens, des Gedächtnisses und der Sprache.

Schon die ganz frühen Geben-Nehmen-Spiele zwischen Mutter und Kind gehören zu den wichtigsten Momenten, Beziehung und Bindung aufzubauen und zu festigen. Und die sichere Beziehung zu den wichtigsten Bezugspersonen ist wiederum Basis für das Erkunden und Entdecken der eigenen, kindlichen Umwelt. Erfahrungen in Beziehungen spiegeln sich wider in den Kontakten zu den Dingen der Welt.

Soziale Aspekte kommen ebenfalls sehr früh ins Spiel. Vor dem 1. Jahr bereits reichen Kinder etwas, um Kontakt herzustellen, und das gilt für sehr viele Kulturen. Geben und nehmen und Auseinandersetzungen um Dinge gewinnen immer mehr an Bedeutung im Umgang der Kinder untereinander; z. B. Kindergartenkinder nehmen häufig Kontakt auf über Reichen oder Zeigen von Spielzeug – untereinander oder auch mit fremden Personen.

Julia (3 Jahre) nimmt ihren Kaugummi aus dem Mund und reicht ihn liebevoll strahlend der Erzieherin: „Da, für dich!"

Geben, teilen, schenken setzt das Vorhandensein einer Besitznorm voraus und diese entwickelt sich allmählich. Mit 10 Monaten z. B. betrachtet ein Kind etwas als Besitz, solange es damit spielt. Je angepaßter sein Zeitverständnis und Gedächtnis wird, desto eher erhebt es Anspruch auf ein Spielzeug, auch wenn es dieses gerade nicht braucht.

„Nein, diese Puppe ist mir, die schläft ...", verteidigt Nina eine Puppe, die sie zur Seite gelegt hat.

Bei Kindern unterschiedlichen Alters gibt es hier häufig Konflikte, da die älteren bereits besser planen und argumentieren können, aber oft noch große Schwierigkeiten bestehen, ihr Spiel aufeinander abzustimmen.

Das Verständnis von Besitz (ca. ab 2. Jahr) wird vertieft, wenn andere Kinder den Gegenstand auch haben wollen und es zu Konflikten kommt; wobei zunächst der Besitz nur so lange wertvoll ist, wie ein Kind damit umgeht.

Kai, 3 Jahre, spielt mit einer Schippe im Sand und gräbt Löcher. Robin (3,4 Jahre) kommt, sieht einen Moment zu und will die Schippe ebenfalls haben. Er greift danach, um sie Kai abzunehmen. Der hält fest und brüllt los: „... meins!" Beide ziehen, bis Robin sie an sich reißt. Kai läuft weinend weg, und Robin gräbt vor sich hin. Nach einigen Minuten entdeckt er etwas anderes, das ihn interessiert, und er läßt die Schippe fallen und läuft weg.

Zu respektieren, daß Besitz etwas ist, das jemandem gehört, lernen Kinder erst allmählich. „Meins" ist schon im Repertoire, lange bevor es klar ist, daß sie nicht ohne weiteres etwas nehmen können, was sie gerade interessiert, weil es jemandem gehört. Zu fragen, wem etwas gehört, beginnen Kinder erst mit ca. 2½ Jahren (3). Dies lernen sie z. B. auch im Streit über die Argumente: „Das ist mir", „Das habe ich mitgebracht", oder „Das habe ich zuerst gehabt" – damit wird der Angreifer ins Unrecht gesetzt und verunsichert. Die moralische Entwicklung und die Entwicklung des Gewissens spielen hier eine Rolle. Unterstützt noch durch die Erwachsenen, die mit ihren Normen und Regeln häufig in die Streitsituationen eingreifen.

Zum Teilen sind Kinder eher bereit, wenn sie darum gebeten werden. Eine Bitte respektiert den Besitz: „Darf ich Deinen Hund auch mal haben?" und gibt dem Besitzer Entscheidungsspielraum: „Ja", „Nein, der rennt weg …!"

Fordern hat einen aggressiven Unterton und führt eher zu Konflikten: „Gib her!" Um hier erfolgreich zu sein, muß der Fordernde über Macht verfügen (wie in Banden z. B.).

Ab 3–6 Jahren verwenden Kinder Besitzgegenstände nicht mehr nur, um Kontakte zu knüpfen über geben, nehmen oder streiten, sondern sie verleihen, tauschen oder verschenken sie auch oder zeigen sie, um Ansehen bei anderen Kindern zu gewinnen usw.. Damit erhält Besitz eine Bedeutung für die Entwicklung der sozialen Identität: „Das gehört zu mir!".

Max bringt sein neues ferngesteuertes Auto mit in den Kindergarten, damit alle anderen es bewundern können, und er bestimmt, welches Kind es auch einmal bedienen darf.

Mit wachsender Zeitperspektive und der Speicherung von Handlungsmöglichkeiten entwickelt sich bei dem Kind das Bewußtsein, daß es über Dinge, die es besitzt, auch nach Belieben verfügen kann; dies ist auch ein Grund, warum Erwachsene nach Besitz streben (ein Buch, das ich besitze, kann ich jederzeit lesen, wenn ich es leihe, muß ich es zurückgeben, oder ich bin an die Öffnungszeiten von Bibliotheken gebunden).

Was den Wert von Besitz angeht, läßt sich unterscheiden zwischen:

• Gegenständen, zu denen eine besondere persönliche Beziehung besteht, wie selbsthergestellte Dinge; auf diese sind

Kinder sehr stolz, besonders, wenn sie sich ihre Kunstwerke selbst ausgedacht und eigenhändig gestaltet haben. Achtlose Bemerkungen wie: „Was soll denn das sein?" oder Wegwerfen: „Das brauchen wir doch nicht!" verletzen sie sehr. Für sie sind diese Dinge ein Teil von ihnen selbst.

- Dinge, die an eine geliebte Person erinnern.
- Gegenstände mit objektivem Wert wie z.B. Spielzeug (Schippe, Rad); Dinge, die man leihen, tauschen, verschenken und sich darum streiten kann.
- Geld hat einen abstrakten Wert, dessen volle Bedeutung und die Möglichkeiten des Umgangs damit Kinder erst vollständig mit 7–8 Jahren (kaufen) oder auch später verstehen. Eine Untersuchung (4) zeigte, daß viele Sechsjährige noch Probleme hatten, den Tausch „Geld gegen Waren" zu verstehen. Den Wert der Waren konnten sie noch nicht einschätzen. Erst mit der fortschreitenden Entwicklung des logischen Denkens können hier die Zusammenhänge von Kaufen, Verkaufen und Gewinn nachvollzogen werden. Kinder erleben jedoch schon früh am Beispiel der Erwachsenen, daß Geld eine große Rolle für die Befriedigung der Grundbedürfnisse spielt.

✳ Themen für Gespräche mit Kindern:

◆ Ein Geschenk bekommen:

Hast du schon einmal etwas geschenkt bekommen, was dich besonders gefreut hat?
Was war das?
Wie sah es aus?
Wer hat es dir geschenkt?
Hast du es noch?

◆ Geschenke machen:

Hast du schon einmal etwas verschenkt?
„Ich habe ein Bild gemalt ... was gebastelt."
Wem hast du etwas geschenkt?
Wie hast du dich dabei gefühlt?
Was hat er/sie denn gesagt zu dem Geschenk?

◆ Was ich mir wünsche, was ich gerne hätte:
Gibt es etwas, das du dir wünschst, was du gerne hättest?

Lisa: „Ich hab' ganz viele Wünsche ... ich hab' sogar ein Wunschbuch ...!"
Sarah: „Ein Puppenwagen, den man ins Liegen verschaffen kann ..."
Christian: „Ein Zimmer, wo niemand reingeht, und eine Kuscheldecke ..."
Malte: „... einen kleinen Garten mit Werkzeug ... so einer, daß ich nicht
wieder alles abbauen muß ... und daß keiner reinguckt ..."
Nicole: „... mehr Süßigkeiten, einen neuen Papierkorb für mich selber,
Edelsteine, ..."

◆ Was ich dir wünsche:
Zum Geburtstag nennen die Kinder ihre Ideen, was sie ihrem
kleinen Freund, ihrer Freundin wünschen, und die Erzieherin schreibt die Wünsche auf kleine Papierfische, die in einem
Netz gefangen werden:

„... daß deine Mutter nie mit dir schimpft",
„... daß du nie hinfällst und dir das Knie aufschlägst",
„... daß du keine Windpocken kriegst",
„... viele Luftballons",
„... und Bonbons",
„... ein Fahrrad",
„... Glück",
„... daß du machen kannst, was du willst",
„... daß du nicht von der Schaukel fällst."

◆ Ausleihen
– Hast du dir schon mal etwas ausgeliehen?
– Hast du schon einmal an jemand anderen etwas ausgeliehen?

◆ Teilen
– Hast du schon mal etwas geteilt?
– Mit wem und was hast du geteilt?

◆ Tauschen
– Hast du schon mal etwas getauscht?
– Was?
– Mit wem?

◆ Besitzen
– Gehört dir etwas, was dir ganz wichtig ist?

Eva: „Ich hab eine Puppe, die kann pinkeln, die ist nur mir – meine Schwester will die auch – neulich hat sie sie heimlich genommen, das darf sie nicht."

◆ Streit
– Ein Kind fährt mit dem Rädchen, ein anderes will es haben.
– Habt ihr so etwas auch schon einmal erlebt?

Was können die Kinder tun?

Ina: „Ich hab's mir einfach genommen!"
Erz.: „Das ist aber nicht in Ordnung."
(Die Erzieherin wertet, und Ina verstummt)
oder
Erz.: „Du hast es dir einfach genommen, wie ist es dann weitergegangen?
Ina: (leise) „Memo hat geweint …"
Erz.: „Was kannst du denn noch tun, wenn du unbedingt das Rädchen willst?"
Ina: „Auto!"
Erz.: „Das Auto haben …?"
Ina: (überlegt) „Zusammen fahren …"
Erz.: „Geht das?"
Ina: „Nein -"
Erz.: „Ich frage, wenn ich was haben will." (bringt ohne Wertung eine neue Möglichkeit hinzu)
Ina: „Ich sage, ich will auch fahren … dann bin ich dran!"

Je nachdem, wie ausgeprägt das Zeitgefühl der Kinder ist, können sie Zeitspannen in eine Vereinbarung miteinbeziehen. Zunächst ist der Wunsch, etwas besitzen zu wollen, noch ausreichende Legitimation, es zu nehmen. Aus dem Protest und den Reaktionen des Kindes, dem etwas abgenommen wird und aus einschlägigen eigenen Erfahrungen erwerben die Kinder bald einen Begriff von „gerecht" und „ungerecht".
Eric: „… das ist gemein, mir einfach etwas wegzunehmen!"
Eine Untersuchung ergab, daß Fünfjährige Ungleichheit (arm und reich) als ungerecht ansehen.

◆ Verloren:
Peter hat 50 Pfennig, mit denen er sich etwas kaufen wollte, verloren, obwohl er glaubt, sie in seine Tasche gesteckt zu haben.

– Was kann er jetzt tun?
– Wie fühlt er sich?
– Hast du auch schon mal etwas verloren?

Wissen, Fähigkeiten und Gefühle besitzen

Kinder lernen schnell, daß sie mit Besitz andere beeindrucken können und so Zuwendung und Aufmerksamkeit erlangen, wobei Besitz sich weitgehend (ab ca. 3 Jahre) nicht mehr nur auf Dinge, sondern auch auf Fähigkeiten ausdehnt: „Ich kann schon ...“ Damit werden Wissen und Fähigkeiten ebenfalls zum Besitz. Auch wenn man sowohl mit Dingen als auch mit Fähigkeiten Ansehen erreichen kann, so unterscheiden sich die sozialen Kontakte dennoch, die über die verschiedenen Arten von Besitz entstehen. Dinge kann man geben, nehmen, tauschen, gemeinsam handhaben, ausleihen oder sich darum streiten, sie kaufen, stehlen, zerstören usw.. Fähigkeiten als persönlicher Besitz werden jedoch nicht weniger, wenn man sie teilt. Kinder können miteinander üben, wobei sie dabei auch häufig in Konkurrenz miteinander treten: „Ich kann aber schon so hoch klettern ... ist ja baby ...das kann ich schon lange ...“ Dieser Austausch erweitert nicht nur laufend das Handlungs- und Fähigkeitsrepertoire der Kinder, sondern bereichert ihr Selbstbild. Hier sind auch die Reaktionen der Erwachsenen wichtig (siehe Spiegeln, Bestätigen), so daß die Kinder erleben, was sie können, aber auch ihre Grenzen annehmen und den Wunsch entwickeln, noch mehr zu lernen.

Wissen als Besitz macht Geheimnisse wertvoll, verbindet Freunde und Freundinnen miteinander und schließt andere aus.

Sicherheit, Identitätsbewußtsein und Selbstvertrauen haben sehr viel mit „geistigem Besitz“ (5) zu tun, mit dem, was jemand ist und kann, also mit seinem Wissen, seinen Fähigkeiten und Erfahrungen; und dieser Besitz vermehrt sich beim Teilen. Ob ein Kind vertrauter mit materiellem oder geistigem Besitz aufwächst, hängt sehr davon ab, was seine wichtigsten Bezugspersonen bevorzugen. Für ErzieherInnen im Kindergarten ergibt sich hieraus die Möglichkeit, über Gespräche und Spiegeln Kinder in ihrem „geistigen Besitz" zu bestätigen, vor allem, weil andere soziale Erfahrungen und Umgangsformen damit einhergehen im Vergleich zu materiellem Besitz. Eigene Fähigkeiten und Fertigkeiten kann jedes Kind besitzen, unabhängig von seinem Lebenshintergrund; selbst wenn sie hier lernen müssen, Unterschiede zu ertragen, so können sie dennoch ein positives Selbstbild dabei gewinnen. Außerdem fördert das Erleben eigener Wirksamkeit die innere Motivation, zu lernen. Freude darüber stärkt die Hoffnung auf Erfolg und das Selbstwertgefühl. Der Entwicklung von rigorosem Konsumdenken kann auf diesem Wege entgegengewirkt werden.

✳ Themen für Gespräche mit Kindern:

♦ Ich kann schon:
  Erzähl doch mal, was Du schon kannst!

Markus: „Ich kann schon schreiben!"
Daniel: „Ich kann schon boxen!"
Marc: „Ich kann schon alleine auf's Klo."
Ester: „Ich kann schon singen …"
Annika: „Kann ich auch …"
Erz.: „Prima, laßt uns doch mal zusammen singen!"

Auch kleine Zirkusvorstellungen lassen sich z. B. so planen, daß alle ein „Kunststück" einbringen – ein Gruppenerlebnis mit viel Spaß.
  Es geht auch keinesfalls darum, die Besten und Klügsten zu ermitteln. Dort, wo die ganz eigenen Fähigkeiten und Fertigkeiten geachtet werden, erleben auch jene Kinder einen „Besitz", die sonst öfter daneben stehen, wenn es um Leistungen nach Alltagsnormen geht. Moritz sieht schlecht, bewegt sich unbeholfen und hat Probleme, sich sprachlich zu artikulieren, er kann aber tanzen, daß alle begeistert sind. Wichtig ist, daß alle Kinder etwas finden, auch kleine Alltagsfähigkeiten werden gewürdigt!

♦ Eine gute Idee:
  – Hattest du schon mal eine gute Idee?
  – Erzähl mal, wie das war!

♦ Was ich schon weiß:
   – Erzähl mal, was ihr so alles wißt!
   – Woher wißt ihr das denn?

♦ Was ich gerne mal wissen möchte:
   – Was würdest du denn gerne mal wissen?
   – Ich möchte gerne wissen, was das bedeutet …
   „Was Einsiedlerkrebse essen", „Wie alle Sachen so gemacht werden",
   „Wie man auf Ideen kommt", „Ob Sonne aus Feuer ist oder nicht …"

♦ Ein Erlebnis:
   – Hast du schon einmal etwas erlebt, an das du dich noch gut
     erinnerst?
   „… ja, wie wir die Kaulquappen gefangen haben", „Wie ich vom Fahrrad gefallen bin", „Wie wir viele Geheimnisse hatten", „Wie wir
   die Schatzsuche gemacht haben, und wie wir den Schatz gefunden
   haben …"
   Erfahrungen und Erlebnisse sind ein „Schatz" besonderer
   Art.

Diese und die letzte Frage eignen sich auch sehr gut für Erwachsene, mal nachzudenken, sich auszutauschen …

♦ Geheimnisse:
   – Hattet ihr schon mal Geheimnisse?
   – Wem habt ihr denn diese verraten?
   „… mehr als tausend Geheimnisse!", „Geheimnisse verrat ich nicht, nur
   meinem besten Freund."

Menschen „besitzen Gefühle". Diese können sich je nach Situation schnell ändern, trotzdem können Kinder gut einige
Situationen und Erfahrungen miteinander teilen und verstehen.
Da es schon für viele Erwachsene keine Selbstverständlichkeit
ist, über ihre Empfindungen zu sprechen, sind auch viele
Kinder damit nicht vertraut. Sie entwickeln oft unbewußt andere Ausdrucksformen: Bauchschmerzen, zerstören, schlagen,
schreien, weinen, nicht einschlafen können, keinen Appetit
haben, usw. Eigene Empfindungen zu teilen ohne daß diese als
gut oder schlecht bewertet, sondern einfach als natürlich akzeptiert werden, vertieft die Beziehungen zwischen Kindern unter-

einander und zwischen Kindern und ErzieherInnen. Ein Kind,
das seine Erfahrungen nicht teilen will, hat auch ein Recht darauf, daß dies respektiert wird.

♦ Freude:
  – Worüber freust du dich am meisten?
  – Hast du dich heute schon gefreut?
  – Was können wir tun, um dir eine Freude zu machen?
  – Wie siehst du aus, wenn du dich freust?

  Rahel: „Ich hab mich am meisten über meine Geburtstagsgeschenke
  gefreut ...!“
  „Über meine Freunde“, „... über Süßigkeiten“, „... über meine Katze“,
  „... wenn mein Papa kommt“

♦ Probleme:
  – Hattest du schon mal ein Problem?
  – Wie war das?
  – Was hast du dann getan?

  Auch Probleme kann man haben. Gespräche darüber ermöglichen Kindern die Erfahrung, daß Fehler und kleine Mißer-
  folge nicht gleich tragisch sind und sie mit solchen Erlebnis-
  sen nicht alleine dastehen.
  Wichtig ist auch hier, auf Bewertungen zu verzichten.

♦ Kummer:
  – Hattest du schon einmal Kummer?
  – Hast du dir schon einmal Sorgen gemacht?
  – Nach dem Motto „Geteiltes Leid ist halbes Leid“ hilft es,
    nicht nur die angenehmen, sondern auch die unangeneh-
    men Gefühle miteinander zu teilen.

♦ Eine Freundin/ein Freund:
  – Hast du eine Freundin oder einen Freund?
  – Wo habt ihr euch kennengelernt?
  – Was macht dir Spaß mit ihm/mit ihr?

Eine besondere Beziehung zu einem Gegenstand

Lena, 3 Jahre, noch neu im Kindergarten, steht unter der Tür mit einem Bären unter dem Arm, den hält sie fest und streicht mit der anderen Hand über das Fell. Nach einer Weile beginnt sie an seinem Arm zu lutschen. Eine Stunde später spielt sie mit anderen Kindern. Der Bär liegt in Reichweite.

Den Bären bezeichnen Psychoanalytiker als Übergangsobjekt. In der Beziehung zu diesem Gegenstand, oft ein Tuch oder ein weiches Tier oder eine Puppe, spiegelt sich die emotionale Bindung an Bezugspersonen wider. Dieses Kuscheltier „fühlt" sich an wie Mutter, baut eine innere Brücke oder Verbindung zu ihr und hilft so einem Kind, sich zeitlich und räumlich von der Mutter zu trennen. Das Übergangsobjekt ist ein Begleiter auf dem Weg zur Selbständigkeit. Obwohl die Hauptphase dem ersten und zweiten Jahr zugeschrieben wird, greifen Kinder in Streß- und in Trennungsphasen, wie z.B. beim Eintritt in den Kindergarten oder beim morgendlichen Abschied, nach ihrem Kuscheltier. Wichtig ist, daß das Kind hier keine Abwertung erfährt oder von seinem geliebten Gegenstand nicht gewaltsam getrennt wird.

„Komm, gib her, du bist doch jetzt schon groß!"

Wenn ein Kind sich sicher fühlt und sich von zu Hause lösen kann, wird es seinen Gegenstand irgendwo hinlegen.

Emre kam jeden Morgen mit einem Plüschrucksack, in dem ihr Frühstücksbrot war, in den Kindergarten und behielt ihn auf dem Rücken. Alle Bemühungen der Erzieherinnen, Emre zu bewegen, ihren Rucksack aufzuhängen, scheiterten. In einem Gespräch mit den ErzieherInnen über Übergangsobjekte wurde deutlich, welche tiefe Bedeutung für Emre dieser Rucksack hat – eine Verbindung mit dem Zuhause in fremder Welt. Fortan begrüßten die Erzieherinnen Emre und wiesen sie nur freundlich darauf hin, daß sie sich die Jacke ausziehen sollte ihren Rucksack aber solange behalten könne, wie sie wolle – und wenn sie ihn nicht mehr bräuchte, könne sie ihn an den Haken hängen. Die Zeiten, die Emre ihren Rucksack mit sich trug, waren unterschiedlich lang, wurden jedoch mit zunehmender Sicherheit und wachsendem Vertrauen in die Beziehung zu ihren ErzieherInnen seltener.

Ein Übergangsobjekt ist (6)

• ein anfaßbarer Gegenstand,
• biegsam und leicht handhabbar.
• Seine Wirkung ist beruhigend und entspannend;
• Das Kind wählt ihn selbst und behält ihn über längere Zeit.

Es tröstet sich damit, wenn die Mutter nicht da ist und verhält sich ähnlich wie in Beziehung zu ihr:

Es saugt und nuckelt, klammert sich an oder lächelt mit seinem Lieblingstier.

Ein solcher Gegenstand ersetzt den Körperkontakt und hat auch besondere Bedeutung in Kulturen, in denen Kinder nicht am Körper getragen werden. Untersuchungen haben gezeigt, daß Kinder mehr zu psychosomatischen Krankheiten und Beziehungsproblemen neigten, wenn sie kein Übergangsobjekt hatten.

Wie schon aus der Beschreibung des Gegenstandes deutlich wird, ermöglicht er sinnliche Erfahrungen von Greifen und Tasten, warm und kuschelig, von vertrautem Duft und Sich-Spüren. Einerlei, wie abgewetzt oder schmutzig das Ding ist, das tut der Liebe keinen Abbruch.

Zusammenfassend läßt sich sagen, Kinder brauchen die Beziehungen zu diesem unbelebten Gegenstand:

• Er ist ein Begleiter auf dem Weg zur Selbständigkeit und des Loslösens aus der engen Beziehung zur Mutter.
• Dieser Gegenstand bleibt oft lange Zeit der gleiche und hilft, schwierige Situationen zu überstehen.
• Er verbindet die inneren Gefühle des Kindes mit der Außenwelt
• und ermöglicht ihm Zeiterleben („So lange bis … ich mich hier sicher fühle, Mutter mich abholt …")
• und kennzeichnet den Beginn von Sinngebung und Symbolisierung.

Das Kind lernt zu unterscheiden zwischen Ich und Nicht-Ich.

Für die Erzieherin kann es wichtiger Hinweis sein, wenn das Kind kein Schmusetier hat, von keinem erzählt und auch die

Eltern auf Nachfrage hin den Besitz eines solchen verneinen;
denn dann fehlt ihm eine besondere Beziehungserfahrung. Die
Erzieherin kann anregen, dem Kind ein Kuscheltier zu schenken, oder sie gibt ihm eines aus dem Kindergarten zur „Betreu-
ung".

Ein Junge, 3 Jahre, fiel auf, weil seine Kontaktaufnahme meist darin be-
stand, anderen Kindern in die Haare zu fassen, was über kurz oder lang zu
lautstarken Auseinandersetzungen führte, da die Kinder sich wehrten.
Nach einem Gespräch mit den Eltern stellte sich heraus, daß er kein
Schmusetier besaß. Die Erzieherin schenkte ihm einen zotteligen (Plüsch-)
Hund: „Der ist für dich, zum Anfassen, andere Kinder an den Haaren
ziehen tut ihnen weh."
Der Junge ließ den Hund nicht mehr los, nahm ihn auch mit nach Hause
und brachte ihn wieder mit. Er zog die anderen Kinder nicht mehr an den
Haaren.

Wenn das Kind älter wird, entwickelt es oft eine intensive Bindung an eine Lieblingspuppe oder ein Kuscheltier; dieses sind
dann wichtige Leidensgefährten, Spielkameraden und Ver-
trauenspersonen. Eine Puppe oder ein Kuscheltier als Gesprächspartner ist immer verfügbar und geduldig, hört sich
jeden Kummer an und erduldet vieles – ein stummer Lebens-
partner.

Im Spiel kann das Kind in sie hineinschlüpfen und mit ihr
aktiv werden, kann „so-tun-als-ob" die Puppe spricht und handelt. Über die Puppe wird es leichter, Bedürfnissen, Wünschen,
Gedanken, Phantasien, Erfahrungen und den unterschiedlichsten Gefühlen Ausdruck zu verleihen. Das Spiel ist sehr selten
treuer Spiegel seiner Beziehungserfahrungen, sondern hier ver-
arbeitet das Kind, wie es sie erlebt.

Kinder genießen die Macht ihrer Puppe gegenüber, die sie in
Alltagsbeziehungen nicht haben. Sie behandeln die Puppe, wie
sie die eigene Situation erlebt haben oder rächen sich an ihr für
das, was sie erlitten haben, bzw. was ein Kind fürchtet, erleidet
die Puppe. Sie muß z.B. zum Arzt, sie wird operiert ohne
Betäubung und danach wird sie ins Bett geworfen. Sie erhält
Spritzen und wird ausgeschimpft.

Die Puppe darf Gefühle und Verhaltensweisen zeigen, die
von der Umgebung sonst mißbilligt würden, etwa aufgrund des
Alters (die Puppe spuckt das Essen aus, macht alles naß, brüllt

laut), oder sie wird liebevoll umsorgt. Ein Kind, das Liebe und
Fürsorge erlebt, spiegelt diese Fähigkeiten im Spiel mit der
Puppe wider, aber Aggression bedeutet nicht unbedingt, daß es
diese auch erlebt. Es kann für ein Kind durchaus auch der Weg
sein, der Puppe angedeihen zu lassen, was es eigentlich dem
Brüderchen antun möchte. Schnelle Deutungen können falsch
sein, auch wenn das Spiel mitunter die Beziehung zu den wichtigsten Bezugspersonen durchaus offenbaren kann, aber auch
Phantasien und Befürchtungen des Kindes oder Wünsche, wie
es behandelt werden will. Auf jeden Fall kann das Kind in Beziehung zu seiner Puppe seine Erfahrungen spielend verarbeiten
und bewältigen und neue Möglichkeiten ausprobieren. Vom
einfachen So-tun-als-ob (ab ca. 3 Jahren) bis hin zu ausgeklügel-
ten Rollenspielen „lebt" die Puppe oder das Kuscheltier alle
Entwicklungsschritte des Kindes mit. Mit Interesse beobachten
läßt sich:

- Sprechen die Kinder zu ihren Puppen oder identifizieren sie
  sich mit ihnen?
- Spielen sie mit anderen Kindern zusammen und einigen sie
  sich, was sie spielen wollen?
- Gehen sie auf die Rollen der anderen Puppen ein?
- Welche Situationen und Personen werden dargestellt?
- Welche Gefühle, Bedürfnisse, Gedanken werden geäußert
  und wie?

Bei diesen Beobachtungen geht es immer um Wahrnehmen,
Sehen, Verstehen, Annehmen – nicht um Deuten und Beurteilen.

✳ Themen für Gespräche mit Kindern:

- Habt ihr ein Schmusetier, eine Lieblingspuppe?
- Wohin nehmt ihr die mit?
- Erzähl mal von deinem Schmusetier, deiner Lieblingspuppe!
- Was machst du so mit ihr?
- Bringt sie mal mit!
- Zeig uns mal deine Lieblingspuppe, dein Schmusetier, stell sie
  uns mal vor.

✳ Überlegungen für ErzieherInnen:

• Erinnern Sie sich noch an Ihre Lieblingspuppe, an ein Kuscheltier?
• Wer hat es Ihnen geschenkt?
• Was haben Sie damit gespielt?
• Gibt es diese Puppe/Kuscheltier heute noch?

Oft berichten Erwachsene sehr bewegt und schmerzlich darüber, daß ihr Bär z. B. eines Tages einfach weggeworfen wurde, und sie erinnern sich heute noch genau daran und trauern ihm nach. Achtung vor Kindern spiegelt sich auch darin, achtsam mit den Gegenständen umzugehen, die ihnen am Herzen liegen und zu denen sie eine ganz persönliche Bindung und Beziehung haben.

Sammeln

Eine besondere Beziehung haben Kinder oft zu Dingen, die in den Augen von Erwachsenen wertlos scheinen, sie sammeln sie mit Eifer und hüten sie wie einen Schatz (Muscheln, Reste von abgebrannten Feuerwerkskörpern, Nägel, Bonbons, Einwickelpapiere und tausend andere denkbare Dinge). Sie können sich auf diese Weise einen kleinen Teil der Welt verfügbar machen, ihn ordnen, darüber bestimmen und so z. B. verhindern, daß Dinge und Ereignisse gleich wieder verschwinden, wie sie es oft erleben (7).

Das Kind legt die Bedeutung, hinter der sich häufig bestimmte Themen und Gefühle verbergen, für die Gegenstände selbst fest und verfügt als aktiv handelnde Person darüber. Dieser Moment stärkt das Selbstbewußtsein und Selbstbild („Ich sammle Autobilder; ich kenn' mich da genau aus!")

Gemeinsames Sammeln verbindet in Freundschaften und Gruppen und hilft Kindern bei der Verarbeitung von Lebenserfahrung.

Wenn Erzieherinnen Kinder mit Interesse und Neugier bei ihrem Sammeln begleiten, lernen sie die Kinder noch besser kennen und diese fühlen sich ernstgenommen und akzeptiert. In angeregten Gesprächen entstehen vertraute Momente, die die Beziehung zwischen allen Beteiligten weiter vertiefen.

Kinder brauchen Ecken und Verstecke zum Sammeln ihrer Schätze in der Einrichtung oder sonstwo.

Gespräche über Sammeln regen an zu einem Austausch:

Erz.: „Habt ihr schon mal was gesammelt?"
Sirak: „Ich – ich habe einen Schatz im Keller!"
Erz.: „... und was ist das?"
Sirak: „Bunte Kugeln, Bonbons, Edelsteine (Glassplitter), ein Porsche und so was."
Dirk: „Ich sammle Schrauben, Nägel und so – und dann kann ich mir eine Werkstatt einrichten später."
Svenja: „Ich sammle Steine wie mein Papa."
Uwe: „Ich nehme mir immer was mit aus dem Urlaub – Fahrkarten ... ."
Marvin: „Würmer. Ich habe ein ganzes Glas voller Würmer, wollt ihr mal sehen ... ?"

Bewerten („Was für ein Mist!"), Verbieten („Bring mir bloß sowas nicht mehr an!") oder gar Wegwerfen verletzen ein Kind sehr tief und stören die vertrauensvolle Beziehung zwischen ErzieherInnen und Kind erheblich. Ein Kind empfindet seine „Schätze" als ein Teil von sich selbst, der hier abgelehnt oder vernichtet wird. Auch Kisten mit Würmern, Keksen, Kugeln, welken Blättern oder Glassplittern verdienen ihren gebührenden Respekt.

Beziehungen, Sinneswahrnehmung und Räume

Räumlichkeiten können eine gute Beziehung zwischen ErzieherInnen und Kindern und auch zwischen Kindern untereinander fördern oder erschweren.

In engen, überfüllten Räumen stören die Kinder sich gegenseitig beim Spielen, die Erzieherin ist damit beschäftigt, Kinder zu disziplinieren, Streitigkeiten und Auseinandersetzungen zu verhindern oder zu schlichten. Unter diesem Gesichtspunkt haben Räume und ihre Ausgestaltung sehr viel mit der Gestaltung der Beziehungen zu tun. Kinder brauchen Platz für Bewegung, ruhige Orte für Spiele und kreatives Gestalten und Rückzugsmöglichkeiten.

Sie benötigen Räume, die so liebevoll und kindgerecht hergerichtet sind, daß sie sich wohl fühlen können und die Entfaltung ihrer Sinne nicht verkümmert; z. B. in Einrichtungen mit Neigungsräumen fällt oft auf, daß weniger Hektik herrscht, es insgesamt leise ist. Die Kinder, die malen oder Familie spielen, haben eine eigene Ecke bzw. einen Raum dafür und werden nicht von Kindern gestört, die toben wollen. Diese turnen, rennen, klettern und hüpfen auf der Bewegungsbaustelle, im Turnraum oder ähnlichem. Vorteile dieser Neigungsräume ist auch, daß Kinder dort andere Kinder treffen, die auch gerade Lust haben zu kneten, zu toben oder Rollenspiele zu spielen. Nun gibt es nicht immer die räumlichen Möglichkeiten für ein solches Konzept, dennoch hat die Erfahrung aus vielen Einrichtungen gezeigt, daß vor allem in Räumen, in denen die Sinne der Kinder in ihrer Gesamtheit in Anspruch genommen werden und in denen ihre kreativen Ideen durch kleine Abenteuer und Anreize geweckt und gefördert werden, diese sensibler werden für den Spaß am Lernen und Entdecken – am Leben insgesamt (1).

Diese Betrachtungen entspringen nicht nur der Begeisterung für ein Konzept, sondern auch wissenschaftlichen Erkenntnissen über die Wahrnehmungsentwicklung des Kindes.

Die frühstentwickelten Sinne sind der Gleichgewichtssinn, die Eigenwahrnehmung von Muskeln und Bewegungen, Berührungs-, Tast- und Geruchssinn. Hören und Sehen differenzieren sich erst allmählich aus. Diese Sinneseindrücke werden im Gehirn organisiert, geordnet, verglichen und ausgewertet, damit sie nutzbar gemacht werden können. Das gelungene Zusammenspiel der Sinne und ihre Nutzbarmachung wird als sensorische Integration bezeichnet und durchläuft gerade im Vorschulalter verschiedene Stufen der Entwicklung. Diese Entwicklung braucht Unterstützung, damit sie problemlos verläuft und das Kind die Anforderungen der Umwelt erfüllen kann. Treten Probleme auf, fällt das Lernen schwer und das Kind ist des öfteren unzufrieden mit sich selbst und kann nicht gut mit alltäglichen Forderungen und Streßsituationen fertig werden (2). Dies wirkt sich wiederum auf den Umgang der Kinder untereinander und auf den Kontakt und die Beziehung zwischen Kindern und ErzieherInnen aus. Kindern macht es Spaß, ihre Sinne zu erfahren und zu erproben und über das Gelingen des Zusammenspiels ihr Selbstwertgefühl, ihre Selbstkontrolle und ihr Selbstvertrauen zu entwickeln.

Dazu brauchen sie Räume, die nicht nur zweckdienlich sind, sondern einladen zum Erforschen und Ausprobieren und Anreize für die Entfaltung der Sinne geben. Räume, in denen Kinder ihr körperliches und seelisches Gleichgewicht immer wieder neu herstellen können.

ErzieherInnen in ihrer Beziehung zu den Kindern brauchen ebenfalls Neugierde, um sie auf den Forschungsreisen zu begleiten und um ihnen Brücken für weitere Abenteuer zu bauen. Kinder brauchen Interesse an ihren Aktivitäten und Erwachsene, die ihre Erlebnisse teilen.

Diese Ausführungen sollen zeigen, wie sehr räumliche Faktoren auch die Beziehung zu den Kindern und der Kinder untereinander beeinflussen; direkt oder auf dem Weg über die Förderung einer guten Entwicklung der gesamten Persönlichkeit der Kinder und ihrer Möglichkeiten. Kinder, die etwas erleben und erfahren können, erhalten so Bestätigung und müssen die innere und äußere Leere nicht durch z.B. zerstörerische Aktivitäten füllen. An anderer Stelle war die Rede vom tieferen Sinn sogenannter Verhaltensstörungen – eine von vielen Ursachen kann sein, sich Reize und Sinneseindrücke zu verschaffen, wenn sie fehlen.

✳ Anregungen, mit Sinnesempfindungen zu spielen:

◆ Spielen mit dem Gleichgewicht:
  – Balancieren, schaukeln und geschaukelt werden (z.B. in einer Decke), laufen mit geschlossenen Augen, oder Augen schließen und im Stehen schwanken wie ein Grashalm im Wind …
  – Schön ist auch, zwischen zwei Personen (ein Kind zwischen zwei Erwachsenen) zu stehen und hin- und herzuschwanken, ohne den Stand der Füße zu verändern und jeweils abgefedert und aufgefangen zu werden. Gut ist, mit geringem Abstand zu beginnen.
  – Feste Papprollen (fallen z.B. in Teppichbodengeschäften ab), eignen sich wunderbar zum Experimentieren mit dem Gleichgewicht. Wichtig ist nicht die Beherrschung einer Übung oder der Geräte im Sinne einer Leistung, sondern die Erfahrung mit Sicherheit und Unsicherheit.

◆ Eigenwahrnehmung – Bewegung von Muskeln und Gelenken:
  – Langsame und schnelle Bewegungen, z.B. nach Musik tanzen, rennen, hüpfen und tausend andere Bewegungsmöglichkeiten …
  – Das Trampolin ist ein Gerät, das Kindern Spaß macht und sowohl den Gleichgewichtssinn als auch die Eigenwahrnehmung anspricht.

◆ Tastsinn:
  – Bewegung in Verbindung mit dem Tastsinn, berühren und berührt werden, kann bei einer Klopfmassage erlebt werden. Zwei Kinder klopfen leicht oder fester (wie angenehm) ein drittes von oben bis unten ab. Danach von oben bis unten leicht abstreichen und sich viel Zeit dabei lassen; abwechseln.

Alle Arten von Massage an Händen, Kopf, Rücken oder Füßen eignen sich gut, ebenso gegenseitiges Halten, kuscheln in Höhlen usw..

♦ Hören:
  – Ein Kind steht hinter einem Vorhang und macht ein Geräusch mit einem der vorliegenden Gegenstände, zuerst leise, dann immer lauter. Andere Kinder versuchen, das Geräusch zu erraten. Wer es erkannt hat, darf hinter den Vorhang. Kindern bereitet es Freude, mit den unterschiedlichsten Gegenständen Geräusche zu erzeugen, z. B. mit Gongs, Topfdeckeln, Rasseln aus Yoghurtbechern, selbsthergestellten Instrumenten; trommeln und klopfen auf verschiedene Materialien (Stein, Ton, Holz, Metall), mit einem Stein usw.

♦ Schmecken und riechen:
  – Schmecken und Riechen sind zwei unserer Sinne, die dem Sehen und Hören in unserer Gesellschaft weitgehend untergeordnet sind. Wir trauen meist unseren Augen und Ohren mehr als unserer Zunge und unserer Nase. Dabei spielen Mund und Nase eine sehr wichtige Rolle in der Entwicklung des Kindes. Der Geschmackssinn ist schon sehr früh ausgereift. Im Babyalter ist es für das Kind wichtiger, die Dinge, die es ergreift, in den Mund zu stecken als sie anzuschauen. Daß die Nase an diesem Vorgang beteiligt ist, ergibt sich aus ihrer unmittelbaren Nähe. Das Zusammenspiel der beiden Organe wird deutlich durch die weitgehend bekannte Zwiebel-Apfel-Probe. Augen schließen, Nase zuhalten und versuchen, kleingeschnittene Äpfel von Zwiebelstückchen zu unterscheiden. Meistens gelingt es nicht.
  – Gemeinsam Essen zubereiten macht vielen Kindern Spaß, oder mit geschlossenen Augen verschiedene Nahrungsmittel ausprobieren und erraten.

♦ Erlebniswege sind immer eine schöne Idee, alle Sinne zu verbinden. In einem Zimmer oder im Freien wird eine „Straße" gebaut, auf der man über Sand, Moos, Steine, durch

Wasser laufen, in „Höhlen" kriechen, über Stühle und Tische klettern, verschiedene Materialien ertasten (Stroh, Reis, Watte, Quallen ...) und an den verschiedensten Dingen riechen oder sie auch schmecken kann.

✳ Überlegungen für ErzieherInnen:

• Wann haben Sie das letzte Mal eine Erinnerung gerochen, eine Botschaft mit den Händen gelesen, einen Ton gemalt oder Ihren Terminkalender getanzt?

Abschied

Zum Leben in Beziehungen mit anderen Menschen gehört auch das Risiko von Abschied, Trennung und Verlust. Auch Kinder erleben dies.

- Sie müssen sich trennen von der Mutter oder einer anderen vertrauten Bezugsperson beim Eintritt in den Kindergarten.
- Jeder Morgen ist ein kleiner Abschied.

Wie schon im Kapitel zur Kontaktaufnahme angeführt, brauchen Kinder Zeit, mit der Erzieherin vertraut zu werden und sie als verläßliche Bezugsperson kennenzulernen. Erst wenn sie diese Sicherheit für sich gefunden haben, können sie die Mutter leichter loslassen. Ein Schmusetier oder ähnliches (Übergangsobjekt) erleichtert die Trennung ebenso wie Begrüßungsrituale („Schön, daß du da bist ...") und eine kurzfristige besondere Zuwendung der Erzieherin: „Was hast du denn Lust zu spielen ...? Ich komme mit und zeig's dir ..."

- Manchmal wechseln ErzieherInnen, bei denen sich Kinder aufgehoben fühlten, den Arbeitsplatz.

Kinder sind neugierig und wollen oft genau wissen, warum und wohin die Erzieherin geht, denn wenn eine wichtige Bezugsperson aus ihrem Leben plötzlich verschwindet, reißt dies eine schmerzliche Lücke und führt mitunter zu Gedanken wie: „... die geht, weil wir immer so laut waren ...", verbunden mit Schuldgefühlen.

Da Kinder erst lernen, daß sie nicht der Mittelpunkt der Welt sind und andere Menschen anders denken und fühlen als sie, brauchen sie Erklärungen, um eine solche Trennung zu verarbeiten.

Für die Erzieherin kann dies bedeuten, immer wieder Fragen neu zu beantworten.

Erz.: „Ich gehe, weil ich ein Baby bekomme und dann erst einmal zu Hause bin, um für das Baby zu sorgen ...“
Lea: „Gibst du dem auch Busen?“
Erz.: „Ja, ich habe vor, es zu stillen.“
Lea: „Ich auch – kann ich dann kommen?“
Micha: „Warum gehst du denn weg, du kannst es doch mitbringen ...“
Erz.: „Ich werde euch bestimmt besuchen und euch mein Kind zeigen, dann könnt ihr es alle sehen ...“

Die Kinder brauchen diese Gespräche immer wieder, um ihre Gefühle des Verlustes oder auch der Eifersucht verarbeiten zu können.

Manchmal sind diese Gespräche auch nicht einfach für Erwachsene.

Erz.: „Ich gehe, weil ich heirate und zu meinem Mann ziehe ...“
Esra: „Warum zieht der nicht zu dir?“
oder die Erzieherin geht nach Konflikten mit ihrem Arbeitgeber:
Timo: „Warum bleibst du nicht hier?“
Erz.: „Ich werde woanders arbeiten, und dort bin ich schon angemeldet.“
Timo: „Gehst du wegen uns?“
Erz.: „Nein – euch mag ich sehr gern – weißt du, Erwachsene haben manchmal ihre Gründe, warum sie woanders arbeiten wollen, das hat nichts mit dir oder den anderen Kindern hier zu tun.“
Jan: „Warum bleibst du nicht hier?“
Erz.: „Ich habe mich so entschieden, auch wenn mir der Abschied von euch schwer fällt.“

Kinder in Erwachsenenkonflikte hineinzuziehen überfordert sie, aber sie brauchen eindeutige Erklärungen, daß es nicht an ihnen liegt, wenn die Erzieherin geht.

• Freunde oder Spielkameraden ziehen weg, kommen zur Schule oder wenden sich ab.
• Lebensereignisse wie Trennung und Scheidung der Eltern, Tod eines nahen Angehörigen z.B. bedeuten Abschied und Verlust.

Wenn Kinder einen Verlust bewältigen müssen, dann brauchen sie jemanden, der sie dabei begleitet, der da ist, ihren Schmerz und Kummer oder ihre Wut annimmt, sich einfühlt und zuhört, wenn sie reden wollen, oder sie einfach tröstend in den Arm nimmt und hält, wenn sie das mögen.

Wenig hilfreich ist Trost im Sinne von ausreden und herunterspielen: „Das geht schon vorbei, spiel einfach und denk nicht daran"; dann bleibt ein Kind mit seinem Gefühl allein, und das ist doppelt schwer zu ertragen.

Oft nehmen wir uns nicht mehr die Zeit zu trauern, übergehen oder ignorieren den Schmerz und warten, bis er vergeht.

Erwachsene vermeiden deshalb auch gerne Abschiede, weil sie an andere Verluste erinnern und es immer Zeit, neuer Kraft oder auch äußerer Unterstützung bedarf, sie zu bewältigen.

• Der Übergang in die Schule heißt oft, Abschied zu nehmen von den Erzieherinnen und Spielkameraden im Kindergarten.

Dieser Abschied kann vorbereitet werden durch Gespräche und verschiedene Aktivitäten, die helfen, die Situation zu bewältigen, sie so zu durchleben, daß sie sowohl Ende als auch Neubeginn eines Lebensabschnittes ist, ein Schritt also zur weiteren Entwicklung und Reife.

Einzelne Einrichtungen gestalten den Abschied sehr unterschiedlich, wobei gerade in dieser Zeit das Bedürfnis nach gemeinsamen Aktivitäten sehr groß zu sein scheint.

◆ Übernachten

Die großen Kinder, die in die Schule kommen, schlafen eine Nacht in ihrem Kindergarten. Dieses Ereignis wird in Gesprächen, auch unter Einbeziehung der Eltern schon einige Wochen vorher angekündigt und vorbereitet. Für einige Kinder ist dies die erste Nacht in einer anderen Umgebung ohne Eltern, andere übernachten öfter bei Freunden. Manche Kinder brauchen sehr die vertraute Nähe der ErzieherInnen, und alle sind beim gemeinsamen Frühstück am nächsten Morgen sehr stolz, daß sie schon „so groß" sind.

◆ Abschlußfreizeit

Einige Einrichtungen fahren mit den zukünftigen Schulkindern für 2–3 Tage in eine Freizeit, meist in Familienbildungsstätten in der näheren Umgebung. Dieses gemeinsame Verreisen ist für die Kinder ein besonderes Erlebnis, z.B. mit Nachtwanderung, Schatzsuche, Traktorausflug, Besuch beim Bauern usw.

Die Kinder kommen zurück mit dem Gefühl: „Jetzt bin ich schon so groß, daß ich alleine (ohne Eltern) verreisen kann."

Diese Freizeiten werden ebenfalls längerfristig mit Kindern und Eltern ausführlich besprochen und geplant, denn die ErzieherInnen müssen sehr gut informiert sein, welche Ängste, besondere Bedürfnisse und Gewohnheiten die Kinder außerhalb des Kindergartens haben.

Bei einem gemeinsamen Nachmittag oder Abend schauen sich die Kinder und Eltern einige Zeit später nochmals die Bilder an und hören den Berichten der Kinder und Erzieher zu.

♦ Abschiedsausflug

Die Kinder, die in die Schule kommen, unternehmen einen Tagesausflug mit ihren ErzieherInnen ins Museum, in den Zoo, in einen Park, in eine Theatervorstellung o.ä.

♦ Schulbesuch

Die Kinder besuchen mit ihren ErzieherInnen für einen Vormittag die Schule und erleben, wie es dort zugeht; entweder nehmen die Kinder am Unterricht einer Klasse teil, oder sie erhalten eine erste Schulstunde. Dieser Besuch wird in Gesprächen vorbereitet und nachbereitet.

Julia: „Muß ich da dann jeden Tag hin?"
Erz.: „Da gehst du dann jeden Tag hin."
Julia: „… und wenn ich keine Lust habe …?"
Erz.: „… dann auch – alle Kinder gehen jeden Tag zur Schule, nur in den Ferien nicht."
Maren: „… können wir da nicht mehr spielen?"
Erz.: „Ihr werdet da ganz sicher auch noch spielen, singen und reden, wie ihr das von hier kennt, aber manchmal sitzt ihr auch und schreibt oder lest."
Lukas: „… muß man immer machen, was die Lehrerin sagt?"

♦ Schultüte

Die Kinder gestalten gemeinsam mit der Erzieherin ihre Schultüte, eine gute Gelegenheit für weitere Gespräche zum Thema Schule.

♦ Namensschild

Die Kinder malen ihr Namensschild für die Schule, ein Andenken an die Zeit im Kindergarten, das sie begleitet.

♦ Bildermappe

Die Kinder stellen mit der Erzieherin eine Mappe zusammen, die Fotos, Bilder und andere Dinge aus der Kindergartenzeit enthält.

♦ Gesprächskreis zum Abschied

Die Kinder und die Erzieherin sitzen zusammen und überlegen rückblickend:
– Wie war das, als du zum ersten Mal hier ankamst?
– Was hat dir hier bei uns besonders gut gefallen?
– Was hat dir hier manchmal nicht gepaßt?
– An was erinnerst du dich gerne?
– Wenn man etwas Neues beginnt, braucht man gute Wünsche, was wünschst du dir?

Die Erzieherin schreibt den Wunsch für jedes Kind auf einen Zettel und liest ihn dabei noch einmal vor und schenkt ihn dem Kind zum Abschied.

Lena: „... daß ich gute Noten bekomme ...“
Die Erzieherin schreibt: „Lena wünscht sich gute Noten“ auf den Zettel.
Sebastian: „... daß ich dich (Erzieherin) noch mal besuchen darf.“
Die Erzieherin schreibt auf den Zettel: Sebastian will seinen alten Kindergarten und Frau S. noch einmal besuchen.
Ella: „... daß ich Freunde finde.“
Die Erzieherin schreibt auf den Zettel: Ella wünscht sich, daß sie neue Freunde findet.
Felix: „... daß die Ferien lang sind.“
Die Erzieherin schreibt auf den Zettel: Felix wünscht sich lange Ferien.

♦ Abschiedsgeschenke

Die Erzieherin schenkt jedem Kind ein Bild von ihr oder von ihr und der Kindergruppe mit einem persönlichen guten Wunsch für die weitere Schulzeit.

Die Kinder gestalten in Zusammenarbeit mit ihren Eltern eine Mappe, ein Ringbuch o. ä.. Jedes Kind malt eine Seite und klebt ein Bild von sich als Erinnerung und Dankeschön für die Erzieherin dazu.

♦ Abschiedsfest

Eltern, ErzieherInnen und Kinder gestalten ein gemeinsames Abschiedsfest. Den Ideen sind keine Grenzen gesetzt, und jede Einrichtung hat hier ihre eigenen Erfahrungen und Traditionen.

Das besondere an diesem Fest ist der Rückblick auf die Zeit im Kindergarten und der Abschied von den wichtigsten Bezugspersonen dieser Zeit, von den anderen Kindern, die noch bleiben, von den vertrauten Räumen, von dem gewohnten Tagesablauf.

Für die ErzieherInnen bedeutet der Abschied von Kindern, die sie fast täglich über zwei bis drei Jahre gesehen haben, diese loszulassen, sich innerlich und äußerlich von ihnen zu trennen.

Erz.: „Diese Abschiede sind für mich immer wieder schwer – ich schaue mir jedes Kind an, denke an unsere gemeinsamen Erlebnisse, wie es war in der Zeit. Mit manchen Kindern war es einfach, andere haben mir Kopfzerbrechen bereitet, wieder andere mich manchmal auch ganz schön geschafft. Ich schaue mir an, wie sie sich entwickelt haben in dieser Zeit, und dann ist es wichtig für mich, daß ich nicht mit mir hadere, ob ich auch alles getan habe, was möglich war … daß ich sie gehen lassen kann mit guten Wünschen."

Andere Erz.: „Manchmal bin ich sehr betroffen über Eltern. Sie bringen ihr Kind jeden Tag hierher, und dann am letzten Tag holen sie es ab und gehen wie immer, einfach so – ohne Abschied."

Auch die ErzieherInnen brauchen Raum und Zeit, den Abschied von den Kindern zu verarbeiten. Hilfreich sind Gespräche mit KollegInnen und im Team über die Gedanken und Gefühle zum Abschied.

★ Überlegungen für ErzieherInnen:

- Was bedeutet Abschied für mich allgemein?
- Wie erlebe ich die Abschiede von den Kindern im Kindergarten?
- Was gebe ich den einzelnen Kindern mit?
- Was behalte ich für mich positiv in Erinnerung in bezug auf die einzelnen Kinder?
- Mit wem kann ich meine Gedanken und Gefühle in bezug auf den Abschied teilen?

Literatur

Das nachfolgende Literaturverzeichnis ist nach den Kapiteln des Buches geordnet.

2. Die Bedeutung von Beziehungen und Bindungen für die Entwicklung von Kindern

(1) Rauh, H.: Soziale Interaktion und Gruppenstruktur bei Krabbelkindern, in: Ch. Eggers (Hrg.): Bindungen und Besitzdenken beim Kleinkind, München 1984.
Papousek, M.: Wurzeln der kindlichen Bindung an Personen und Dinge: Die Rolle der integrativen Prozesse, in: Ch. Eggers (Hrg.): a. a. O.
Großmann, K.: Die Ontogenese kindlicher Zuwendung gegenüber Bezugspersonen und gegenüber Dingen, in: Ch. Eggers (Hrg.): a. a. O.
Großmann, K. & K.: Ist Kindheit doch Schicksal?, Psychologie heute, 1991/8.
Ainsworth, S. et. al.: Patterns of Attachment, Hillsdale 1978.

(2) Bowlby, J.: Attachment and Loss, Vol I, New York 1969.
Bowlby, J.: Bindung – Eine Analyse der Mutter-Kind-Beziehung, München 1975.

3. Die Entwicklung des kindlichen Selbstbildes in Beziehungen

(1) Schmidtchen, S.: Kinderpsychotherapie, Stuttgart 1989.
(2) Großmann, K. & K.: a. a. O.
(3) Friedrich, H.: Auf Kinder hören – mit Kindern reden, Freiburg 1992.

4. Kontakt aufnehmen

(1) Großmann, K.: a. a. O.
Großmann, K. & K.: a. a. O.

5. Beziehungen bewußt gestalten: Bausteine für die Beziehung mit Kindern im Alltag

(1) Ainsworth, S. et. al.: a. a. O.

(2) Baumrind D., in: Mussen, Conger, Kagan:
Lehrbuch der Kinderpsychologie, Stuttgart 1976, S. 422 f.

(3) Liedloff, J.: Auf der Suche nach dem verlorenen Glück, München 1980.

(4) James, M.; Jongeward, D.: Spontan leben, Hamburg 1986.

(5) Schmidtchen, S.: a.a.O., S.127.

(6) Papousek, M.: a. a. O., S.157.

(7) Koestner, R. et. al.: Development of Empathy in Journal of Personality
and Social Psychology, Vol 58, Nr. 4, 1990.

(8) Petri, H.: Angst und Frieden, Frankfurt 1987

(9) Satir, V.: Kommunikation und Beziehung in Theorie, Erleben und
Therapie, Freiburg 1973.

(10) Friedrich, H.: Auf Kinder hören – mit Kindern reden, Freiburg 1992,
S. 95 ff.

(11) Papousek, M.: a. a. O., S. 137.

(12) Buddrus, L.: Wachstum und Entwicklung, Tabellen nach P. Levin
(Cycles of power), O 1984.

(13) Schmidtchen, S.: a.a.O., S. 110.

(14) Spitz, R.: Die anaklitische Depression, in: Bittner (Hrg.): Erziehung in
früher Kindheit, München 1968.

(15) Stender, K.: Die Renaissance der Rituale, in: Psychologie heute 1/94.

6. Beziehungsstörungen

(1) Großmann, K.: a. a. O., S. 123

(2) Petri, H.: a.a.O.

(3) Gordon, Th.: Familienkonferenz, Hamburg 1975.

7. Beziehungen und Zeit

(1) Geißler, K. A.: Zeit leben, Weinheim, Berlin 1987.

(2) Sichtermann, B.: Vorsicht Kind, Berlin 1992, S. 132.

8. Beziehungen zwischen Kindern

(1) Rauh, H.: a. a. O., S. 209 f.

(2) Rubin, Z.: Kinderfreundschaften, Stuttgart 1981.

(3) Rubin, Z.: a.a.O., S. 93.

(4) Rubin, Z.: a.a.O.

(5) Rauh, H.: a. a. O., S. 228

9. Beziehungen zu Dingen

(1) Eggers, Ch. (Hrg.): a.a.O.

(2) Papousek, M.: a. a. O., S. 161

(3) Deutsch, W.: Besitz und Eigentum im Spiegel der Sprechentwicklung,
in: Eggers (Hrsg.): a. a. O., S. 26.

(4, 5) Oerter, R.: Die Entwicklung des Verständnisses von Besitz und
Eigentum im Kindes- und Jugendalter, in: Ch. Eggers (Hrg.): a. a. O.
(6) Mitscherlich, M.: Die Bedeutung des Übergangsobjektes für die Entfaltung des Kindes, in: Ch. Eggers (Hrg.): a. a. O.
(7) Fatke, R., Flitner, A.: Was Kinder sammeln, in: Ch. Eggers (Hrg.):
a. a. O.

10. Beziehungen, Sinneswahrnehmung und Räume

(1) Friedrich, H.: Mit allen Sinnen leben, in: Klein & Groß, Erziehung im
Vorschulalter 4/93.
(2) Ayres, J.: Bausteine der kindlichen Entwicklung, Heidelberg 1984.

Praxisbuch Kindergarten

Für Ausbildung und Beruf

Organisation und Planung

Huppertz/Scholten/Tolksdorf
Der Kindergarten stellt sich vor
Praxis der Öffentlichkeitsarbeit
ISBN 3-451-20124-0

Hedi Friedrich
**Auf Kinder hören –
mit Kindern reden**
Gespräche und Spiele im Kindergarten
ISBN 3-451–19329-9

Brunhilde Schütt
Anleiten im Praktikum
Grundlagen, Situationsanalyse, erprobte Wege
ISBN 3-451-22927-7

Martin R. Textor
Elternarbeit mit neuen Akzenten
Reflexion und Praxis
ISBN 3-451-23002-X

In Ihrer Buchhandlung erhältlich  **herder**

Praxisbuch Kindergarten
Für Ausbildung und Beruf

Kreativität im Kindergarten

Heike Baum
Kleider, Masken, Rollenspiel
Darstellende Spiele für den Kindergarten
ISBN 3-451-22812-2

Hilde Kappesz
Kreatives Leben mit Kindern
Der situationsorientierte Ansatz im Kindergartenalltag
ISBN 3-451-23357-8

Sylvia Näger
Kreative Medienerziehung im Kindergarten
Ideen – Vorschläge – Beispiele
ISBN 3-451-22548

Hildegard Schaufelberger
Märchenkunde für Erzieher
Grundwissen für den Umgang mit Märchen
3-451-20130-5

Helga Hoff
Märchen erzählen und Märchen spielen
Mehr Lebensfreude für Kinder und Erzieher
ISBN 3-451-21361-3

Ingeborg Becker-Textor
Kreativität im Kindergarten
Anleitung zur kindgemäßen Intelligenz-
förderung im Kindergarten
ISBN 3-451-21197-1

In Ihrer Buchhandlung erhältlich ——— **herder**